かなり気がかりな日本語

野口恵子
Noguchi Keiko

a pilot of wisdom

目次

◎第三章……当世敬意表現 107

はじめに

ブームとは、ある現象が突然、そして急激に盛んになることをいう。二一世紀に入ってすぐの二年間ほど、日本国内は日本語ブームだった。より正確には、何冊かのベストセラーに端を発した「日本語本」の出版ブームであった。もし本当に日本語ブームであったのなら、つまり、本当に日本語に対する関心が高まって、本当に人々が自分の使う日本語を反省して、本当に自らの日本語力を鍛えようとしたのなら、そろそろ多少なりとも成果が表れてもよいころである。

ところが、テレビやラジオや町で見聞きするかぎり、日本人が日本語を理解し運用する能力、ならびにコミュニケーションの能力が高まったとは思えない。せめて人々が自分の用いる日本語に気をつかうようになったかというと、その気配もあまり感じられない。読書人口が増えたようすも見られない。少なくとも電車のなかでは、高校生や大学生だけでなく大人たちまで携帯メールに没頭し、本を読む人は明らかに減っている。政治家の暴言、妄言、失言はあとをたたず、敬語や慣用句は間違って使われ、陳腐な接客マニュアル語は一向に改められない。

多くの人がブームに乗って「日本語本」を買ってはみたけれど、最後まで読み通さなかったか、あるいは、読んで納得したはいいが実行に移すことをしなかったのだろう。実行に移すとはすなわち、各々が日本語のコミュニケーション能力の向上をめざして、名文を繰り返し音読したり、幅広い読書をしたり、新しい語句を覚えようと努めたり、間違って使っていた表現を直したりするということである。

もちろん、頭で理解していても、それを実践し、かつ継続していくのは、何であれ容易なことではない。そうでなければ、「三日坊主」「言うは易く行うは難し」「不言実行」などという言葉も生まれなかっただろう。健康のためには日々の食事に気を配り、腹八分目で箸を置き、ストレスをためないようにし、適度な運動を欠かさないこと、と知ってはいても、意志が弱かったり、モチベーションがいま一つ足りなかったり、やむをえぬ事情があったりして、思うように実行できずに皆悩んでいるのだ。日本語も同じことかもしれない。気にはしつつも、なかなか改められない……。

老いも若きも、かなりの人々が何となく日本語が乱れていると感じ、自分自身の日本語を磨きたいと願い、コミュニケーションのあり方も改善されるべきだと思っているのは確かなようだ。日本の言語文化の行く末に一抹の不安を抱いている人もいるだろう。

日本語は、日本列島に暮らす圧倒的多数の人々にとっての第一言語であり、死ぬまで付き合っていく言語である。しかも、少なからぬ人々にとっては、自在に操ることのできるただ一つの言語でもある。外部の力によって日本人から日本語が奪われることはあるまいが、内部から崩壊していくおそれがないとは言えない。そうならないためにも、日本語への関心が一過性のものであってはならない。

ところで、日本語の乱れというと、決まって若い人の使う言葉がやり玉にあげられる。「けんもほろろ」を「剣がぼろぼろ」の意味と理解し、「故郷に錦を飾る」を「故郷にワタを飾る」と読む若者がいると聞いて、大人たちは悲嘆する。だがこれは、日本語が乱れているのではなく、言葉を知らない若者がいるにすぎない。そして、言うまでもなく、大人たちのなかにも言葉を知らない者は大勢いる。

大人たちは、まともな日本語が話せないなんて世も末だ、と大げさに嘆いてみせるか、「声を出して泣きたい『娘たちの日本語』」（「サンデー毎日」二〇〇二年九月八日号）と茶化すかのどちらかだ。まともな日本語なるものを本気で若い人に覚えてほしいと思うなら、教えればいいのだ。冗談めかしてごまかそうとせずに、きちんと教えなかったこと、手本を示してこなかったこと、覚える手助けをしなかったこと、あるいは、教えられるだけのまともな日本語を実は自分たちが身につけていないことを反省したほうがよい。

教わっていないことを、人はできるようにならない。箸の持ち方も算数の九九も、敬語の使い方も車の運転も、私たちはだれかに教えてもらってできるようになった。習って、見て、聞いて、まねて、覚えた。習うとは、見よう見まねで覚えることであり、見ならうことであり、慣れることなのだ。

若者の日本語に関して言えば、大学生と話をしていると、確かに彼らの日本語の世界がきわめて限られていると感じることがある。ここで言う日本語の世界とは、日本語を運用するうえで手本とし、ときに借用し、折にふれて参照すべき世界のことである。テレビを見て笑い転げ、友だちとおしゃべりをし、ひっきりなしにメールを送り合い、アルバイト先でマニュアルに則《のっと》った応対をする彼らの言語コミュニケーションをまるごと否定するつもりはない。しかし、大学生の日本語の世界のかなりの部分が、同年代の仲間との会話、携帯メール、バラエティータレントによるテレビのおしゃべり番組、接客マニュアル語から形づくられているとしたら、それはあまりに狭い。日本語の世界の容量や幅を、何もいまから狭めておくことはない。

一方、若者たちの日本語力を憂える大人たちは、先輩として、後輩が豊かな日本語の世界を構築するよう導いてきたのだろうか。そもそも大人たち自身が、広くかつ深い日本語の世界を持っているのだろうか。さらに、その日本語の世界のなかから選び取った磨き抜かれた日本語を駆使して、円滑なコミュニケーション活動を行っていると言えるのだろうか。いずれの問いにも、即座にイエスと答えられる先輩はそう多くないだろう。私も即座に、臆面もなくノーと言える。

本を読まないせいで語彙《ごい》が乏しいのは、ひとり若者たちだけではない。対面のコミュニケーションを苦手とするのもまた、若者の専売特許ではない。子どもは親の言うことは聞かないがすることはまねるものだ、と言われる。日本語使用の面でもそのとおりなのか、最近の日本語と日本語のコミュニケーションを観察してみようと思う。まず、大学生の言語コミュニケーションを取り上げる。そのあと「先輩たち」の観察に移るが、わけても、人々が好んで使う最近のはやり言葉と、伝統的な規範とは異なった様相を呈してきた敬語を観察する。それから、コミュニケーション不全の現状を記述し、最後に、言語コミュニケーションをより豊かなものにするにはどうしたらよいか考える。

どうしたらよいか考えるが、これさえ実行したら驚異的な効果が表れるといった唯一の方策など存在しないことはわかっている。さまざまな方法のうちのどれが、またはどれとどれが自分に合うか、自ら考えて、試してみるしかない。この本で提案する方法は、私自身が人から教わって、あるいは本を読んで納得し、目下実践中、もしくは実践しようと心がけているものである。

本書がめざすのは、最近の日本語とコミュニケーションについて考える材料を提供することである。最近の日本語といっても、私が仕事と生活の場としているのが東京都と埼玉県であるため、取り上げる例は、首都圏という限られたエリア内で拾ったものでしかない。日本語の多様性は無視できず、コミュニケーションの状況も地域によって大きく異なる。広い範囲から事例を集めることをしないで「最近の日本語」を論じる厚かましさは、承知のうえである。

私は現在、三つの大学で非常勤講師をしている。教えているのは、外国人学生を対象とした日本語・日本事情、若干の留学生を含む文学部の学生に対する日本語教育概論、それに、日本人学生への初級レベルのフランス語だ。一語学教師として、日本人と外国人、日本語と外国語の間で右往左往しながら日々を送ってきたが、数年前から、外国人の日本語や日本人の外国語以上に、日本人の日本語が気になりだした。当初は「何となく気になる」程度だったが、最近では「かなり気がかり」になってきた。このような思いが、この本の生まれるもとになっている。

日本人、外国人、と私は書いたが、本書においてこの区別は必ずしも国籍や民族によるものではない。これまでに獲得してきた主たる言語文化が日本語を基盤としたものであるか否かの違いで分けて、便宜的に前者を日本人、後者を外国人とした。日本語を母語（子どもが最初に習得する言葉。第一言語）としない外国籍者のなかには、日本語の理解・運用能力および日本語を用いた際のコミュニケーションのとり方が、同じ年齢層、同じ社会・経済的背景の日本語母語話者のそれと変わらぬ人もいる。この本では、そのような人を日本人・日本語母語話者の側に組み入れていることを断っておきたい。

第一章　大学生と言葉

遠慮がちな大学生

教室の冷房がききすぎて寒いぐらいだったためにエアコンを切った。しばらくして、学生が言った。

「暑いかもしれない」

この学生はむろん、「いまごろ沖縄は暑いかもしれない」「あしたは雨が降るかもしれない」というような見込みや可能性を述べようとしたのではない。教室内の温度の上昇が自分に不快感をもたらしたことを告げ、冷房機の電源を再び入れてほしいという要望を伝えようとしたまでだ。しかし、「暑いです」とはせずに、わざわざ「かもしれない」と断定を避けて文末をあいまいにした。

もしこれが、日本語を学び始めてまもない外国人学習者であったならば、習った文型を使って次のように言っただろう。

「暑いですから冷房をつけてください」

正確な日本語である。非のうちどころがない、と言いたいところだが、唯一の、しかし致命的な非は、日本語母語話者でこのように依頼する者はまず存在しないということである。では、日本語の母語話者はどうするだろうか。

教室が暑いから冷房をつけてほしいという意思を伝達するのに、必ずしも言語を用いる必要はない。ハンカチで額の汗をぬぐったり、下敷きや手のひらで顔をあおいだり、嘆息をもらしたりして知らせることができる。現に、次第に蒸し暑くなってきた教室内で、すでに何人かがそれらの方法で意思表示を始めていた。

言葉を使うにしても、「暑いです」のひとことで、言われたほうは冷房機のスイッチを入れようとするだろう。日本語に限らず、この場面で「ええ、暑いですね」と賛同だけしてすますことはない。冷房設備がなければ窓を開けるか、冷たい飲み物を持ってくるか、あるいは持ってこさせるか、扇子を貸すか、上着を脱ぐように言うか、何らかの行動に出るはずだ。

何かを相手に伝えたいときに必ずしも言語化するとは限らないし、またその必要がない場合もあるが、共有する言語があるのなら言葉に出せば手っとり早い。だれが、だれに向かって、どんな状況で言うかによって言い方はさまざまだが、ここでは大学の教室での学生から教員への発話に限定しよう。

一つは、遠回しに依頼する次のような言い方だ。

「あのー、ちょっと暑いんですけど」

もう一つは、やや直接的に表現する方法である。

「すみません、冷房を」

どちらも、文を言い切っていない。これで十分に伝わるからだ。この場面で、「そりゃ、暑いですよ、七月なんですから」とか「冷房を、何ですか。冷房がどうかしたんですか」などと言い返す教員がもしいたら、のみこみが悪いか虫の居所が悪いか性格が悪いかのいずれかだろう。

実際に学生が口にしたのは右のどちらでもない言い方だったが、「あのー、ちょっと暑いんですけど」の「あのー」「ちょっと」「けど」と、「暑いかもしれない」の「かもしれない」は、どれも表現を穏やかにするという機能を持つ。「傍若無人ないまどきの若者」なら、苦情でも注文でも物おじせずに言いそうな印象を与えるが、実情はそうではない。「暑いっす。たまんないっす」などと、冗談めかして言うこともある。これももちろん、ユーモアというオブラートにくるんだ婉曲《えんきょく》表現である。

また、依頼する相手が教員でなく友だちで、場所がその友人宅であったとしても、よほど気のおけない間柄でないかぎり、直接的な物言いはしない。「ちょっと暑くない?」「暑かったりしない?」「暑いとか思わない?」「クーラーとかつけないの?」と否定疑問の形にする。あるいは、「俺的には若干暑かったりするかも、みたいな」のように、「的」「若干」「たり」「かも」「みたいな」と五箇所にぼかしを入れる。仲間うちでも、言葉のうえでは遠慮がちである。

嫌われる使役形

大学で担当する日本語教育概論の授業で、外国人学習者に日本語を教えるとしたらどのように授業を進めたいかを学生たちに記述させたことがある。特徴的だったのが、「読ませる」「書かせる」「繰り返させる」のような使役の形を使って記す学生は少数で、「読んでもらう」「書いてもらう」「繰り返してもらう」と、「〜てもらう」を使う者が圧倒的多数だったことである。

学習者に何かを「させる」のではなくて、「してもらう」。「答えてもらう」「動作をしてもらう」「意味を考えてもらう」「わかってもらう」「理解してもらう」「覚えてもらう」「発音してもらう」「大きい声で言ってもらう」「確認してもらう」など、外国人学習者の行為を表すすべての動詞を「〜てもらう」で書いた学生もいた。

なぜ、彼らは使役の表現を避けて「〜てもらう」を使うのだろう。『日本語教育事典』（縮刷版、大修館書店、一九八七年、二〇〇ページ）には、「使役の表現は他に対して動作をすることを強制する意をもつもので、それを和らげるために受給の表現である『てもらう』を代わりに用いることが多い」とある。「強制する」というと嫌がるのを無理じいするようで、必ずしも動詞の使役形の用法とは一致しない。たとえば、本人の不在時に電話がかかってきたときに「戻り次第かけさせます」と言うことがあるが、この場合の「する」の使役形「させる」は、不在者に強制する意よりむしろ、電話をかけてきた人、つまり聞き手への謙譲の表現に近い。だが、いずれにせよ、使役には自分の意思のとおりに他者を動かすといったニュアンスがある。学生たちの文章からわかることは、わずかでも強いる意のある表現を彼らは使いたがらないということである。

一方、「〜てもらう」は、「お金を貸してもらう」「英語を教えてもらう」などのように、他者から恩恵をこうむる、利益を受ける意で使われる。こちらの希望に添うように相手が動いたらそれは私にとってありがたいことだ、というニュアンスだ。レポートの文面に現れた「〜てもらう」は、学生たちの心理を代弁している。彼らは、教員として生徒に接すると仮定した場面で、生徒たちに命令したり強制したりすることを好まず、優しくお願いするのだ。学生の一人は次のように書く。

「答えられる生徒がいたらその生徒に答えてもらい、合っていればほめてあげる」

そこには、学ぶ側としての彼らの心情が透いて見える。彼ら自身がそうしてほしい、もしくはそうしてほしかったということだろう。学習者の誤用を訂正する複数の方法を学んだあとのコメントからも、そのことがうかがわれる。

「僕は誤りを指摘されるなら、それとなくわからせるやり方がいい。人前で指摘されるとつらいので」

「友だちとの会話のとき、友だちが間違ったことなどは、あまりはっきりと言えないので、暗示したり非理解を示したりする方法を自然に使っている」

「私が教師なら、教室にいる学習者全員に優しく、そしてわかりやすく、間違えた人のやる気をそこなわないようにしながら間違いを指摘してあげる」

しばらく前まで、私は学生の提出物に対してさほど気をつかわずにコメントしていた。動詞の「あげる」を外国人学習者に教える際に提示する例文として、「私のお兄さんは私に誕生日のプレゼントをあげました」と書いてきた日本人学生に、「これは日本語ではありません」とだけ書いて返却したこともある。数カ月後の学年末の授業アンケートに、「あのコメントにとても傷ついた」とあった。「兄は私に誕生日のプレゼントをくれました」と直し、なぜ「あげる」が使えないのか、なぜ「私のお兄さん」はふさわしくないのか、丁寧に説明しなければいけなかったのだ。

学生たちは遠慮がちにものを言い、まわりに気をつかう。まわりに対しても、同じようにふるまってほしいと望んでいる。動詞の使い方から見えてくる大学生は、よく言えば優しく、悪く言えばひよわだ。

消えゆく助数詞

外国人の日本語学習者のために編まれた教科書（『日本語コース初級』文教大学留学生別科教材研究会編、凡人社、一九九五年）では、数の数え方として、一枚、一匹、一頭、一羽、一台、一冊、一足、一階、一軒、一本、一杯、一人、一つ、一個、一度、一回などが教えられている。学習者は、犬と魚と虫は「匹」で、牛と馬とライオンは「頭」と覚えるわけだが、一枚は「いちまい」なのに、一匹は「いちひき」ではない。これら以外にも、日付、時間、年齢などの数え方を覚えなければならない。

ところが、さまざまな数え方を苦労して覚えた彼らが出会うのは、助数詞を使わない日本の若者たちだ。乗り合わせたエレベーターのなかで、降りる階のボタンを押してあげようと「何階ですか」とたずねると、返ってくる答えは「ろく」というひとことだ。そして友だち同士で、「今日って、じゅうきゅう?」「ううん、にじゅう」などという会話を交わしている。日付のことである。「ななとはちは暇?」とか「にじゅうよんは、ちょっと都合が悪いんですけど」のように、数字だけを言う者が、若者を中心に増えてきている。

年齢の場合、「じゅうはっさい」または「じゅうはち」は従来どおり使われているが、年の差を話題にしてそれを数えるときの「一つ」「一歳」という言い方は、若い世代の語彙から消えつつある。「お兄さんといくつ違うの?」という問いに対して、兄と年の離れた弟が「一〇個です」と答える。一歳年上と言いたい場合は、「いっこうえ(一個上)」となる。アクセントは頭高型ではなく中高型、つまり共通語の発音の「ほっかいど(北海道)」「にっこりと」「きっぱりと」などと同じだ。

外国人学習者が、日付の二四日を「にじゅうよんにち」「にじゅうよにち」「にじゅうしにち」などと発音して日本語教員にたしなめられている間に、教室の外では日本語の助数詞の存続が危ぶまれる事態になっている。羊羹《ようかん》を「ひと竿《さお》」「ふた竿」と数える日本人が現在どれだけいるか知らないが、もっと卑近な豆腐の数え方にしたところで、容器持参で豆腐屋から買う時代の終焉《しゅうえん》とともに、「一丁」から「一つ」「一個」へと変化した。さらに、プラスチック容器に詰められた豆腐は、「ひとパック」「いちパック」「ワンパック」とも数える。

豆腐屋のおじさんに「お豆腐一丁と揚げ二枚ちょうだい」と言い、八百屋で「ほうれん草一把ください」と言って買う大人たちのかたわらで、かつての子どもは食べ物の名前や色や形、豆腐や油揚げの数え方、ほうれん草の束の数え方などを覚えたものだ。助数詞は学校で習うものではなかった。いまの大学生は、物心がつくかつかないかのころから、一箇所にありとあらゆる食材のそろった、無言で買い物のできるスーパーマーケットやコンビニエンスストアに出入りしている。利便性とひきかえに、大人たちは子どもに言葉を覚えさせる機会の一つを放棄したと言える。

年齢差や豆腐を「一個」「二個」と数えるようになったのと並行して、「一時間」「一試合」「一字」のような言い方を、元来そのように数えないものに適用する傾向も見られる。たとえば、ある保険会社が入院時の保障について説明する際、「入院一回」または「一回の入院」と言うべきところを「一入院」と言っている。パンフレットにもそう書いてあり、ラジオのコマーシャルでも日に何度となく流れる。「入院を数える」とは入院の回数を数えることにほかならない、したがって、一回、二回でなければならないと思っていた私は、コマーシャルが流れ始めた当初は聞くたびに背筋に震えが走ったものだ。しかし、繰り返し聞くうちに神経が麻痺したのか、またはこれでいいのだと思い込もうとしてきたのか、いまではすっかり慣れてしまった。人間には環境に適応する能力がある。

日本語の数ある助数詞は先細りの運命にあり、いずれは、一個、一つに集約されるか、接尾語としての助数詞は脱落して、単語の頭に数字をつけるだけになってしまうかもしれない。幼少のころに覚えるチャンスを逸した現在の大学生たちが、今後身につける努力をするとは思えない。覚えなければならない理由も見出せないだろう。パン屋に行って食パンを塊で買うときに、一斤なり半斤なり、口に出して注文しなければならなかったのは昔の話だ。いまは、おおかたの店はセルフサービスで、客は好みのパンをトレイに載せてレジに持って行けばよい。袋に入っていればひと袋だが、一個と数えてもかまわないし、棚に並べられたパンを自分で取るのだから、数え方を知っている必要もない。日本語を知っている必要すらない。

敬語

日本人の学生たちに、敬語に関する課題を出した。外国人に敬語を教えるための会話文を作成するというものである。提出物に目を通し始めてすぐに、課題の立て方を誤ったことに気づいた。

敬語は大ざっぱに言って、聞き手または話題の人物を敬う尊敬語、へりくだることによって相手への敬意を表す謙譲語、「です・ます」の形をとる丁寧語の三種類に分けられる。

たとえば、「言う」という動詞の場合、尊敬語は「おっしゃる」、謙譲語は「申す」、丁寧語は「言います」となる。このように丁寧語も敬語の範疇《はんちゅう》に入るが、一般に敬語と聞いて思い浮かべるのは尊敬語と謙譲語であり、「敬語の使い方を知らない人が増えた」「適切に使えないとコミュニケーションに支障をきたす」、もしくは「日本語の国際化のためには不必要な語法だ」などという議論が戦わされるのもこの二つをめぐってである。

日本語教育を学んでいる学生に対して出した「外国人学習者に教えるべき敬語」という課題も、尊敬語と謙譲語を念頭に置いてのものであった。場面設定は自由で、教授と学生の会話、上司と部下の会話、初対面の人同士の会話、就職試験の問い合わせの電話での会話など、さまざまな場面でのやりとりが期待された。日本人の学生たちが敬語を縦横に使いこなすことができるかどうかはともかく、知識は有しているであろうと想像していた。「失礼ですが、お名前は何とおっしゃいますか」「田中と申します」というような会話なら苦もなく作れるに違いない、と。

「ワタシ、あなたの家、行く、いいですか」のような言い方しかできなかった外国人学習者が、初級のレベルを終えるころには「お宅にうかがってもよろしいでしょうか」と言えるようになる。話し手が聞き手に伝えたい内容は同じだが、前者のような言い方をした場合、来日まもないころは「日本語お上手ですね」とほめられ、少したつと、「外国人だからしかたがない」と苦笑され、しまいには、「あんな言い方しかできない」と馬鹿にされる。言葉づかい一つで人格に対する評価まで下されるのは日本人でも同じだが、外国人学習者が日本語のコミュニケーションにおいて不利益をこうむらないようにするのが日本語教育の目的の一つであり、その意味でも必要最低限の敬語の習得はおろそかにできない。教室のなかでさまざまな場面を想定し、それぞれにふさわしい複数の例文を提示するのは日本語教員の役目である。日本人大学生に課したのも、そのための例文を作る練習だった。

ところが、大多数の学生の書いてきた会話文は、場面も内容も似たり寄ったりのものだった。ほとんどがファストフード店、ファミリーレストラン、居酒屋、コンビニエンスストアのレジといった接客場面での店員と客とのやりとりであった。「敬語を使った会話」という課題を与えられた彼らが、まっさきに思い浮かべたのがそれらの場面だったのだ。このことは、学生たちが最も親しんでいる、そしてほぼ唯一の敬語使用の場が、ファストフード店や居酒屋などであることを物語っている。

学生たちの作ってきた会話は、日本語を学ぶ外国人に教室でどうしても教えなければならないものではなかった。客の人数を確認したり、タバコを吸うかどうかたずねたり、飲食物の注文をとったり、金銭の受け渡しをしたりする際の表現を覚えることも無駄ではないが、それらより優先順位の高い敬語表現はいくらでもある。

しかも、そこに並んでいるのは、「おタバコのほう、お吸いになりますか」「こちらレモンティーになります」「〇〇円からお預かりします」「お持ち帰りでよろしかったでしょうか」等々、耳障りな接客マニュアル語として非難されることの多い言い回しばかりだった。学生たちにこれらの表現を使用する理由を問うと、困った顔をして沈黙する。まれに返ってくるのは、「お客さんに失礼のない言い方だと思うから」「そういう決まりだから」という答えであった。

おそらく、疑問に思ったことがないのだろう。たとえあったとしても、その疑問をだれかにぶつけたり、本や辞書に当たったり、自分で突き詰めて考えたりしていない。アルバイト先でそのような教育を受けた場合に、なぜそう言わなければいけないのかと店長に質問する者はいない。言われたことを素直に受け入れる。上司の心証を害したくないから、仕事を失いたくないから、と黙っている者もなかにはいようが、大半ははなから疑問を感じていないようだ。

上から与えられたことに対して疑問をさしはさまないように、余計なことを考えないようにとしつけられてきたのだろう。わいてきた疑問を封じ込め、疑問に思わないように努め、言われたことに従っているうちに、本当に何も感じなくなってしまったのかもしれない。思えば、与えられたことだけをこなすのは案外、楽なのだ。文句を言わずに従っていれば生活は安泰だ。自分で考えて調べたり創意工夫をこらしたりするのは労力を要する。楯突《たてつ》くとなると、もっと多くのエネルギーを必要とする。それならおとなしくしていようと、彼らなりの処世術を身につけた結果なのだろう。

敬語を知っているかどうか、また使えるかどうかということについては、大人もそうだが、一八歳の大学一年生でも、個人差がきわめて大きい。育った環境が影響することは否定できないが、たとえ家庭や地域や学校で敬語を身につける機会に恵まれなかったとしても、本人の自覚と関心さえあれば、覚えることは可能だ。敬語に関するハウツー本をひもとくのもよいが、小説や映画などに接して「敬語体験」を積むことができる。もっとも、自覚と関心は、何もなかったところにある日突然わき出てくるものではない。そう考えると、自覚と関心をもたらす土壌を耕しておくという意味で、環境の整備が大切だということになる。

いずれにせよ、敬語イコール接客用語であった学生たちにとって、「敬語体験」の場は家庭でも地域でも学校でも書物のなかでもなく、サービス業の現場だったのである。

「タメぐち」

講義中に聞き取れない部分があったとき、または聞き逃したとき、その場で手を挙げて何と言ったのか繰り返すよう求める学生は、少人数のクラスを除き、皆無といってよい。少しでもわからないことがあったときに外国人学生が即座に質問するのと対照的だ。授業の流れをさえぎっては申し訳ないという思い、聞き取れなかったことをほかの者に知られることへの羞恥心が、声をあげることを躊躇《ちゅうちょ》させる。あきらめてわからないままにしておく者もいるが、何人かは授業終了後に質問に来る。

質問の仕方に、次の三つのパターンが認められる。

「すみませんが、先ほど、何とおっしゃったんですか。もう一度言っていただけませんか」
「すいません。さっき、何て言ったんですか。もう一回言ってください」
「ねえ、さっき、何て言ったの？　もう一回言って」

尊敬語と謙譲語を使った相手を敬う言い方、「です・ます」を使用したややくだけた言い方、そして、対等な口をきくいわゆる「タメぐち」の三種類だ。どれも、私が授業を担当する三つの大学で実際に聞いたものである。このうち最も多く聞かれるのは、ぞんざいではないが特に敬いの気持ちも込められていない二番目の「です・ます」を使った言い方で、次が三番目の「タメぐち」、最も少ないのが一番目の言い方だ。それぞれの占める割合は学校によって多少異なるが、順位は変わらない。また、男子学生と女子学生の差も認められない。「すみませんが、先ほど、何とおっしゃったんですか。もう一度言っていただけませんか」という言い方をする学生も少数ながら存在するということは、何らかの方法で「敬語体験」を積んで尊敬語と謙譲語を獲得した大学一年生もいるということだ。ただし、大学の学部や大学院で学ぶ外国人学生に比して、日本の大学一年生の教員に対する尊敬語・謙譲語の使用率はかなり低いと言わざるをえない。唯一の「敬語体験」が接客場面である学生の場合、ひとたび接客の現場を離れると、尊敬語と謙譲語がすらすらと出てこなくなる。丸暗記したマニュアル敬語は、丸暗記した外国旅行会話に似て、臨機応変な活用ができないもののようだ。

三番目のいわゆる「タメぐち」もしくは「タメ語」は、仲間うちの言葉づかいであり、大学生が教員に対しては使用しないレベルの言葉であるとされてきた。自分の言葉づかいの善し悪しを客観的に判断することができない幼い子どもは、どこかでだれかに何らかの方法で教えてもらわなければ、仮に間違った言葉づかいをしていたとしても直すことができない。それが誤りであることに気づくこともできない。しかし、相手は大学生なのだ。幼児並みの言語使用の大学一年生がいるということなのだろうか。

学生に「タメ語」で話しかけられると、「なれなれしい口をきくな」と憤慨する教員と、「仲間に入れてもらえてうれしい」と喜ぶ教員がいる。また、「そういう時代なのだ」とあきらめて苦笑する者がいる一方で、学生の言葉づかいに一切頓着しない者もいる。教員側の反応がこれだけまちまちだと、学生も対処に困るだろう。

実は、同じ「タメぐち」でも友人に対するそれと教員に対するそれとは使い分けられている。「それは本当か」「本気で言っているのか」「まじめな話なのか」と確認したいとき、親しい友人には「マジかよ」「マジィー？」「デジマ？」（マジで？　を逆さにしたもの）などと言う学生も、相手が教員となるとそうしたぞんざいな言葉や符丁の類《たぐい》を避け、「マジで？」「マジすか？」に言い換えている。これは、地域方言の話者が相手によって方言と共通語を使い分ける（このようなケースを言語学では「言語変種の切り替え」と呼ぶ）ようなものだが、「マジかよ」が「マジで？」になったところで俗っぽい表現であることにかわりはなく、切り替えのための選択の幅が狭いことが露呈してしまう。

小さい子どもであっても、幼稚園にでも行くようになれば、「うん、わかった」と「はい、わかりました」を相手や場面に応じて使い分けることを覚える。言葉を覚えるということは、言葉のしくみ、語彙、発音といった言語のルールと並行して、言語の周辺にあるコミュニケーションのルールを身につけていくことである。そのなかには、相手や場面に応じた使い分けに加え、非言語的コミュニケーションも含まれる。たとえば、損害を与えてしまった相手に謝罪する際に「たいへん申し訳ございませんでした」と言うのは「正しい」日本語であるが、それを丁寧にお辞儀をしながら言うのと、近距離から大声で叫んだり、くわえタバコで言ったりするのとでは意味が全く異なってくる。あとの二つのようなことを悪意を持ってわざとする場合もないとは言えないが、日本語そのものに間違いはなくとも、日本語を使ったコミュニケーションのルールに則っていないことは確かである。

この「言語のルール」「言語の周辺にあるコミュニケーションのルール」を両方とも身につけなければ、言語を習得したとは言えない。ただし、どちらも不変ではなく、ときに緩慢に、ときに急激に変化する。

大学生が教員に向かって、「ねえ、さっき、何て言ったの？　もう一回言って」と言うのは、従来の日本語のコミュニケーション・ルールから逸脱している。しかし、そのようなルールを教わっていない、つまり知らない者にとっては、それは存在しないに等しい。そして、ルールを知らない者、または知っていても無視する者が多数を占めれば、それはすなわち、日本語におけるコミュニケーションのルールが変化したということになる。

中学校や高等学校では、生徒が先生に親しげな口をきくのはもはや珍しいことではないという。大学での「タメぐち」人口はまだ過半数に達していないが、これは、ルールを知らない者がいるということなのか、それとも、ルールが確実に変化していると考えたほうがよいのだろうか。

業界用語

私の担当する講座名の「日本語教育概論」を学生たちが何と呼んでいるのか聞いてみたことがある。返ってきた答えのほとんどが、「長いまま呼んでいる」「月曜三限」「呼ばない」であり、ごく少数の意見として「日語教育」「野口さん」があった。受講者全員が共有するような省略語は一つもなかった。このことが意味するのは、この授業が、キャンパス用語で言うところの「フラ語」（フランス語）や「チャイ語」（中国語）ほど大切な科目ではなく、この教室が「ガクショク」（学生食堂）や「ブンサビ」（文教サービスという名の購買部）ほど親しい場所ではないということにほかならない。関心がなければ、短縮して呼びやすくする必要もない。

前述の、「マジで」を逆さにした「デジマ」は、二〇〇三年夏の時点ですでに廃《すた》れ始めているらしいが、現在の若者言葉の一つである。こうした、特定の仲間うちでのみ通用する言葉である隠語や符丁といったものが、広く世間に認知されるようになることがある。もちろん、言葉が通用することと皆がその言葉を使用することとは必ずしも一致しない。「サツ」や「デカ」は推理小説や刑事ドラマの影響もあってよく知られているが、いわゆる「かたぎ」の人間がそれらを日常的に使うことはまずない。一方、札《ふだ》の隠語である「ダフ」が使われた「ダフ屋」となると、この商売をしている人から実際に入場券などを購入するかどうかは別として、名称は完全に認知されており、しかも、一般の人も平気で使っている。

このような隠語ないし符丁は、言ってみれば専門用語であり業界用語である。どの職種にも、またどこの会社にも、そこでしか通じない言葉というものが存在する。それらの言葉はもっぱら内部の人間同士で交わされるものであり、外部の人とのやりとりでは使われない。その鉄則を破った場合、たとえ相手が言葉の意味を理解したとしても、特殊な用語を得意げに使う未熟な人間と見なされるだけで、尊敬の対象にはならない。

まず、相手に通じないかもしれないという配慮、つまり想像力の欠如した人間であることを自ら白状している。次に、特殊な言葉に通じている自分には高い評価が与えられてしかるべきだと考えているが、粉飾がすぐに見抜かれることに気づいていない。さらに、仲間うちの言葉しか知らず、したがってそれしか使えないという、自らの語彙の貧しさと教養のなさを暴露している。

ところで、最近の大学生がよく使うのは、テレビを見て覚えた言葉、主としてお笑いバラエティー番組から仕入れたとおぼしき言葉の数々である。テレビ業界の符丁が若者言葉のなかに、全面的かつ無条件に取り入れられている。しかも彼らには、それらの言葉が特殊な世界の用語、すなわち隠語であるという意識がない。そうでなければ、授業の内外で教員に向かって口にしたり、レポートを書くときに使用したりはしないだろう。

たとえば、授業中に学生の意見を聞くために指名すると、「僕にふらないでください」とか「急にふられても」などと言う。辞書で見るかぎり、動詞の「振る」の語義に「指名する」は出ていない。「ある位置や仕事などを割り当てる」という意味はあり、例として、「俳優に役を振る」「ルビを振る」「落語で最近の話題を枕に振る」などが挙げられている（『福武国語辞典』、福武書店、一九八九年）。

「僕にふらないで」は、このあたりが元になってできた「新」用法なのだろう。学生たちが授業中にこの言葉を口にするときは、「指す」「当てる」の意味で用いている。したがって、「振る」に新たな定義を加えるとしたら、「ある話題を持ち出して、それについて相手に話をさせるためのきっかけを作る」といったところだろうか。

学生たちが使うテレビ業界用語には、ほかに次のようなものがある。

（授業後に呼び止めると）「約束あるんで、まきでお願いします」

（発表のときに言い間違いをした学生が）「かんじゃいました」

（学生の言葉を受けて、そのなかの誤りをただちに指摘すると）「きついつっこみ」

（すぐ前の発言者と類似した内容のことを言うとき）「前の人とかぶってるんですけど」

（外国人学習者に漢字を教える際に使うカードに言及して）「漢字を書いたフリップを見せ

ます」

放送局の内部でだけ通用する言葉を、出演者が番組のなかで使うことは昔からあった。私が高校生だったころ、テレビの生放送中に、「この画《え》は三カメさん?」（いま映っている映像は三番のカメラで撮っているのか）とか「まいている」（時間がないから急がなければならない）などと聞くと、業界の裏側を覗《のぞ》いて何となく得をしたような気がしたものだ。しかし、ただそれだけのことだった。それらは高校生が使用する類の語彙ではなく、まねて使おうとは思わなかった。

それが、いつのころからか、露出の度合いが著しくなった。タレントを集めて、何でもいいから面白おかしくしゃべらせればいいという番組が増えたころからだ。楽屋話やタレントの私生活に関心のある視聴者が番組の人気を支える。タレント同士で内輪の話をするのだから、当然、符丁が飛び交うことになる。その結果、見る側の頭のなかに、ある種の言語情報の刷り込みが行われる。

日本人の学生が使う「新語」を耳にするたびに、外国人相手の日本語の授業でどのように扱ったらよいか考えてしまう。教えるべきか、教えざるべきか……。留学生に、「私にふらないでください」と言われたら、何と返したらよいのか。「その日本語は変です」と言えば、「日本人の大学生は皆使っています」と切り返されるに違いない。すでに、少なからぬ「新しい」言い方をめぐって、外国人学習者と日本語教員との間で同様の問答が繰り返されているのだ。「ら抜き」(「食べれる」「見れる」)然《しか》り、「さ入れ」(「歌わさせていただきます」「帰らさせてください」)然り。

テレビを見て覚えた言葉を、言語文化を共有する仲間にだけでなく教員との会話や文章のなかでも使う学生は、相手に通じるかどうか、その場にふさわしい表現かどうかという考慮をしないようだ。言語変種の切り替えをしないという点では「タメぐち」と共通する。切り替えをしないのは、切り替えるためのバリエーションを持っていないか、または切り替えなければいけないということを知らないからだろう。語彙の不足と想像力の欠如、言葉のルールも社会文化的なルールも知らないとなると、ことは深刻である。

外国語学習観

外国人に日本語を教える方法を学ぶ授業では、実際の現場を写したビデオを見ることがある。日本国内における外国人を対象とした日本語教室では、直接教授法、つまり原則として日本語のみを使用して授業が進められるのが一般的だ。さまざまな母語を有する、国籍も民族もまちまちな学習者と日本人の教員から成る教室では、どんなにたどたどしくても、また不完全なものであっても、日本語が唯一の共通語である場合が多いという事情もある。そのような教室風景のビデオを視聴したあとで日本人学生の書く感想文には、素直な感動を綴ったものが目立つ。

「先生が明るく、生徒たちも楽しそうで、うらやましい」

「私は六年間も英語を習ってきたのにほとんど話せません。直接教授法で習っていればいまごろ英語が話せるようになっていたのにと、残念に思います」

「文法を覚えるよりも、こういう授業のほうがよい。私たちも文法を知らなくても日本語がしゃべれるようになったのだから」

一方で、日本語だけを使った、口頭でのやりとり中心の授業への反論も少なくない。

「こういう授業は楽しいが、文法が覚えられない。スピーキングやリスニングができても、文法がわからなければだめだ」

「世界共通語の英語を使って、きちんと文法の説明をしたほうがいい」

外国人対日本人という単純な図式も見られる。

「外国人はすごい。日本人はあんなに積極的に授業に参加できない」
「このような授業の進め方は外国人向きで、日本人向きではない」

これらの見解は、一つひとつ検証もしくは論駁《ろんばく》するだけで一学期間の授業が終わってしまうほどの「問題発言」ばかりなのだが、ここでは手短に大学生の外国語学習観をなぞるにとどめたい。

彼らは外国語を楽しく学びたいと望んでいる。中学、高校で経験してきた外国語学習は楽しくなかったということだろうか。しかしながら、楽しい雰囲気のなかで学習して会話ができるようになっても、「文法がわからなければだめだ」。言い換えると、会話があまり得意ではない彼らであるが、文法の知識はあると自負している。そしてその文法は、目標言語すなわち目下習得しようとしている言語ではなく、日本人のクラスなら日本語、外国人のクラスなら英語といった、皆のわかる媒介語を用いて説明されるべきだと考えている。

彼らが外国語の学習について考えるときには、当然と言えば当然だが、自分たちがこれまで受けてきた外国語教育から自由になることができない。出発点がそこにあり、よりどころでもあるゆえ、長年英語を勉強してきたのに身についていないなどと不満を感じていたとしても、既存の外国語教育を全面的に否定することはない。聞き、話すことを習うのと文法の学習は別物と認識しており、したがって、外国語教育における古くて新しい論争、会話か文法かという二者択一を迫る論争にも当然のごとく参加する。そして、口頭のやりとり中心の授業風景視聴後の感想に見られるように、「文法を覚えるよりも、こういう授業のほうがよい」と言う「会話派」と、「こういう授業は楽しいが、文法が覚えられない」と主張する「文法派」に分かれる。排中律である。

実際には、文法を把握していなければ、読み書きだけでなく、聞くことも話すこともできない。小中学校の国語の授業で文法を習う以前に、日本で日本語を使って生活している子どもは日本語の文法体系を獲得している。たとえば、中上級レベルになっても外国人学習者が使い分けに苦労する助詞の「は」と「が」の文法上の相違点を、日本語で的確に説明できる子どもは――おそらく大人にも――いないだろう。しかし、少なくとも話し言葉において、「は」と「が」が使い分けられないという日本の子どもはいない。これは、「文法を知らなくても日本語がしゃべれるようになった」のではなく、文法を知っているからこそ使い分けができるのである。子どもたちは大量の日本語を繰り返し聞き、繰り返し読むことで日本語の文法を頭と体にしみ込ませている。そして、獲得した日本語の文法を用いて、または持っている知識から類推して日本語を話したり書いたりするなかで、間違いを指摘され、訂正され、あるいは自ら気づいて修正して再び産出するという作業を積み重ねているのである。

子どもたちは確かに、自分の使っている言語のしくみをその言語を使って説明する術《すべ》を知らない。だが、それはけっして、文法を知らないということとイコールではない。中学生以上の年齢から開始する外国語の学習を母語の習得と全く同じに考えるわけにはいかないが、日本国内の日本語教室の多くは、教員と学習者が口頭でやりとりをしながら、学習者が文法を発見するように導くという形態で授業を進めている。文法の学習を、聞き、話すことと全く切り離して考えている日本人大学生には、このような授業をイメージするのは容易なことではないようだ。


「日本語は難しい」


外国人学習者に新しい文法項目を教えるときには、数多くの例文が必要になる。日本人学生対象の日本語教育概論の授業で、動詞の受身形を導入する際の例文を学生たちに作らせた。すると、受身形になっていない文が続出した。

「先生が若いころの思い出を話されました」

「私は何とかその場から逃れられました」

「友だちにプレゼントをもらってうれしかった」

「彼は友だちにお金を借りました」

「教室の冷房が止まりました。それで私は暑いと感じました」

「彼女は買ったばかりの服に喜ばれていました」


繰り返すが、外国人学生ではなく、日本人の学生が作った例文である。

これらの文は、いくつもの例を挙げて受身について確認したあとに、学生たちに書かせたものだ。尊敬、可能、授受などの表現との混同が見られるのは、動詞の活用の「れる・られる」や「受ける」という意味から生じた誤用であり、受身の概念を理解していないわけではないと思いたい。

その後、日本語の動詞を分類し、性質の異なる数種類の受身の文を整理して、教室での導入の仕方、練習のさせ方などをまとめたあとの感想をいくつか紹介しよう。


「日本語は世界で一番難しい言語だと聞いていたが、本当にそうだと確信した」

「日本語は奥が深いとつくづく感じた」

「こんなに難しい日本語がしゃべれる僕ってすごい」

「日本語はすばらしい。日本、バンザイ！」

「日本語が難しい」というのは、一部の日本人が信じている、あるいは信じたいと思っている神話の一つである。言語の難易はあくまでも相対的な問題で、韓国人やモンゴル人にとって、日本語は英語より習得しやすい言語であるし、スペイン語のできる日本人には、イタリア語は中国語よりはるかにやさしい。

日常生活において日本語に不自由していない日本の大学生が、何を根拠に「日本語は難しい」と言うのだろうか。「外国語としての日本語」という視点から母語を眺めたときに、それまで知らなかった、というより意識していなかった日本語のしくみに目を開かされることはありうる。その感想が「日本語は難しい」「日本語は奥が深い」では、あまりに短絡的だ。少しばかり複雑で簡単には手に負えそうもないものに遭遇すると、あっさりと「難しい」「奥が深い」と結論づけて、それ以上考えることをやめてしまうことになりかねない。

また、まことしやかに伝えられる「日本語は世界で一番難しい言語」という虚妄を信じることとは、たとえ本人が意識していなくても、「外国人にはこの奥深い日本語をマスターすることは到底無理だろう」という優越感の裏返しである。その証拠に、外国人学習者が「日本語はそんなに難しくない。特に、会話はすぐにできるようになる」と話すのを聞くと、にわかには信じがたい、というより信じたくないようで、憮然《ぶぜん》とした顔をする者もある。彼らにしてみれば、「日本語は難しい」というのはいわば定説であるのに加えて、日本語を客観的に見た結果、いままで気がつかなかったことの多さにびっくりして、実際に難しいと感じてしまったのだからなおさらだ。

この「難しい」という形容詞は、十分理解しているつもりだったことを実はよく把握していなかったとわかったショックから出た言葉であり、一種の照れ隠し、もしくは責任転嫁ともとれる。「こんなの簡単だ」と意気揚々と始めたジグソーパズルに思いのほかてこずって、揚げ句の果てに「難しい」と放棄するようなものである。自らの力不足を認識していたとしても、自分を責めるより対象物の難解さを言い立てるほうが、傷口が小さくてすむ。自己嫌悪に陥らずにすむのである。

話すことは苦手

日本の社会および日本人のライフスタイルの変化が日本語に影響を与え、大学生の助数詞離れの一因もそこにあったと先に述べた。助数詞をよく知らない、したがってあまり使わない彼らには、もう一つ、よく知らない、したがってあまり使わないものがある。親しい人以外を相手にしたときの、口頭によるコミュニケーションの技能である。

「敬語体験」を積んでこなかった大学生に敬語を使うよう求めるのが酷であるのと同じように、口頭によるコミュニケーション能力を育んできていない大学生に、いきなり話をさせようとしても無理だ。仲間とのとりとめのないおしゃべりは得意だが、それ以外の人々と話すこと、とりわけ、やや改まった場で話をすることを苦手とする者は少なくない。これらができるようになるにはある程度の訓練が必要だが、日本の大学生の多くはそうした訓練を受けてきていない。

まず、訓練を受けていない例、というより習慣がついていない例を挙げる。むしろ、言葉を出し惜しむ習慣がついていると言うべきだろうか。

電車が遅れたために遅刻してきた学生が、つかつかと教卓までやってきて、鉄道会社発行の遅延証明書を黙って突き出す。私が黒板に向かっていたり何かを説明していたりすると、その間、何も言わずにじっと立っているか、あるいは証明書を置いて黙って自分の席につく。授業の終了後に来る場合も同様に、無言で証明書を差し出して帰ろうとする。クラスの規模が小さくて学生の顔と名前が一致していたとしても、複数の学生にそれをされると混乱が生じる。大きな教室ではなおさらだ。

名を名乗ってから、「○○線が遅れて遅刻しました」と言い、証明書に学籍番号と氏名を記入して置いていく者もいるが、私の見たところ無言派のほうが多い。彼らは察してほしいのだ。「電車が遅れたのですね。わかりました。あとで出席簿につけておきます。遅刻扱いにはなりません」と言ってほしいのである。このとおり口に出さなくても、何もかも承知しているという意でうなずけば、彼らは安心する。

相手が何も言わなくても何を言いたいのか推察して相手の意向に添った行動をとるのは、日本人の美徳の一つだと言われてきた。察しの悪い人は疎まれる。しかしそれは、その人が鈍感であったり理解が遅かったりするからではない。感覚が鈍いことやのみこみが悪いことは、体調が悪かったりすれば、だれにでもあることで、こういったいわば物理的な理由は許される。それに対して、察しの悪い人は、気働きができない点、相手の期待に応える行動を起こそうとしない点を非難される。つまり、察しを求める日本語のコミュニケーションは、相手への要求がかなり高い。言葉の行間を読むのではなく、言葉が一行もない場合でも無から有を生じさせなければならない。無が単なる無ではないことを洞察できなければならない。

大学生の例に戻ろう。無言のまま遅延証明書を差し出す学生は、言葉を尽くさずに相手が察するのを待つのだが、自分は相手の思惑を推し量る努力をしていない。複数の遅刻者がいて無記名の証明書が何枚も教卓に置かれているのを見て、何かを察することはない。これは「訓練というより習慣の問題だ」と先に書いたが、彼らのそばにはいつも、何も言わなくても察してくれるだれかがいたのだろう。そしてそのだれかは、彼らが何かを察する努力をする必要もないほど、次から次へと彼らに言葉を浴びせ続けていたのかもしれない。もしそうであれば、彼らはひたすら人に察してもらうという生活、まわりからの指示を待ち、そのとおりのことをこなしさえすればよいという生活を送ってきたことになる。そこには、他者の心中を慮《おもんぱか》ったり意図を推察したりしなければならない理由も、またその余地もなかったのである。

育成されていない口頭表現能力

日本人の学生のなかには、人前での口頭発表が苦手だという者が少なくない。外国人学生の発表能力は、一般の日本人学生のそれを数段上回っている。日本語の発音に多少の難があろうと、また、文法上の細かい誤りはあろうと、彼らはしっかりした内容のことを堂々と話す。たびたび例に出してきた日本語教育概論の授業には、毎年複数の留学生が登録しているが、第一回目の授業時にスピーチをしてもらっている。初めて顔を合わせていきなり依頼するのだが、準備の時間を少し与えれば、一〇〇人以上の学生を前にしてひるむことなく話をする。「日本語ないし日本語教育をテーマに五分以内」という以外の制約は設けないが、黒板を使ったり、マイクを持って歩いたりというパフォーマンスを見せる。

一方、最初の授業で日本人学生に同じことを頼むと、軒並み断られる。ただしこのことは、彼らに発表の能力や意志のないことを意味するものではない。断るのは、経験がない、もしくはきわめて少ないことからくる自信のなさの表れであり、自信さえ持てれば挑戦してみたいという気もある。その証拠に、数週間後、または数カ月後に別のテーマで発表者を募ると、自ら立候補する学生が二割ほどいる。自ら手を挙げる者が二割いるということは、指名されたらいそいそと、あるいはしぶしぶとでも受諾する者がもっと高い割合でいることを意味する。ほかの学生の発表を聞いたあとの感想を、次のように書いてくる学生も珍しくない。

「皆上手で感心した。私もやってみたかった。この次はぜひやりたい」

スピーチや発表に限らず、他者と口頭によるコミュニケーションを行うには、まず、言いたいことがなければならない。次に、言いたいことをまとめることができなければならない。そして最後に、言いたいことが確実に相手に伝わるように工夫して話をしなければならない。すなわち、発想し、まとめ、表現する力が求められる。いずれも訓練次第で身につくスキルである。

出発点となるのは言いたいことがあるかどうかだが、まれに、「言いたいことがない」「言いたいことがあるかどうかわからない」と言う学生がいる。言いたいことが全くないわけではなく、うまく言語化できないという意味であろう。言語化する訓練を受けていなければ当然だ。何か感じてはいても、それを表す適当な言葉が見つからない。あれこれ考えるのも面倒くさい。そこで、「言いたいことがない」「わからない」と早々と見切りをつけてしまう。その時点でコミュニケーションはストップする。というより、開始以前に放棄される。

学生のなかには、親しい友人以外とのコミュニケーションを持とうとしない者もいる。大人数の大学の教室で、あえて知らない者同士のグループを作って話し合いや練習をさせようとすると、うまくいかないことがある。ただちにうちとけて笑い声のあがるグループがあるかと思うと、話し合いはおろか、メンバー全員が黙りこくって目も合わせないグループも出てくる。もっとも大半はこの中間で、徐々に緊張がほぐれて、そのうちに、以前から知っていたかのような和気あいあいとした雰囲気になる。しかし、一向にうちとけないグループもある。また、グループの他のメンバーが話し合いや練習を活発に行っているのを一人ぼんやりと眺めていたり、または目をそむけて参加しようとしない者もいる。

そのような学生たちは、コミュニケーションをとりたいけれども有効な方法を知らないか、知らない相手とコミュニケーションをとる必要性を見出せないかのどちらかであろう。推察するに、一部のそうした学生は、自分から進んでコミュニケートする必要のない環境に長い間置かれていたのではないだろうか。言い換えれば、インターアクション（相互作用）をともなわないコミュニケーションが行われる環境にいたということだ。

音声によるコミュニケーションに限ると、自動販売機の機械音声や電車内のアナウンスは、当然のことながら、情報の受け手からの応答やあいづちを求めない。対面コミュニケーションであっても、親が子どもを一方的にがみがみ叱る場面や、黙って聞いていなければいけない、あるいは黙って聞いてさえいればいいというような学校の授業も、インターアクションを求めないコミュニケーションと言える。ひとことも発しないで買い物のできるスーパーマーケットやコンビニエンスストアなども同様だ。コミュニケーションをとらなくても、またとれなくても生活に支障がないとしたら、あえてその能力を育む必要もなくなる。その結果、大学の教室にコミュニケーション不全の学生が出現する。

優しく素直な大学生も、傷つきやすい大学生も、テレビのバラエティー番組とアルバイト先で覚えた業界用語を使う大学生も、コミュニケーション不全の大学生も、「いまどきの大学生」である。そして彼らは、いまどきになって突然降ってわいたわけではない。だれかが種をまいて水をやって育てたのだ。日本語を知らない大学生、コミュニケーションのできない大学生がいるということは、それは、そのだれかが日本語とコミュニケーションのあるべき姿を教えてやらなかったということにほかならない。だれかとはすなわち、親であり、教師であり、地域の人々であり、メディアであり、いわば日本社会の構成員たるすべての大人たちだ。

「いまどきの大学生」を取り巻く日本語の環境は、ほかならぬ「いまどきの大人」たちが作ってきたのである。大学生は、大人たちの育てたように育ち、するようにしてきた。それでは、「いまどきの大人」たちはどんな日本語を使い、どのようなコミュニケーションを行っているのだろうか。大学生と同じように、皆が使う言葉に安易に飛びつく傾向があって、敬語の使い方がおぼつかなくて、対面コミュニケーションを苦手としているのではないだろうか。答えは、日本語のコミュニケーションの現状を観察することで、おのずと見えてこよう。

第二章　「はやり言葉」考

「やぱり」

本人はなかなか気がつかない口癖というものがある。知り合いの教員は、外国人学生から「先生の話には『まあ』が多いですね」と指摘されたと苦笑していた。私自身も、ある場所で行った対話の録音テープを聞き返したときに、同じ言葉を何度も使っていることに気づいて自己嫌悪に陥ったことがある。その一つが「やっぱり」であった。しかも、早口のせいで「やぱり」としか聞こえない。

外国人学習者に対して、私はよく注意を与えている。「キムさんの『やはり』は、『やあり』に聞こえますから気をつけてください。『は』をはっきり発音しましょう。それから、チンさんの『やっぱり』は、『やぱり』『やばり』に聞こえます。小さい『っ』の入るところで、口を閉じたまま一拍置いてくださいね」

その自分が「やぱり」と発音している。しかも頻繁にはさむ。その品のなさ、聞き苦しさに愕然《がくぜん》とした。ある程度改まった場であったので、せめて「やはり」を使うべきだった。もっとも「やはり」にしたところで、多用すれば耳障りな雑音にしかならない。

副詞の「まあ」は場面により、「だいたい」「いわば」「どうやら」「まずまず」「とにかく」「しばらく」「ちょっと」などで言い換えることができる。「やはり」(「やっぱり」「やっぱし」

「やっぱ」）は、「〜もまた」「同様に」「期待していたとおり」「思ったとおり」「案の定」などのほか、「依然として」「何といっても」「結局」「それでも」に置き換えることが可能だ。「結局」や「それでも」の意味で使うときは、「いろいろなことを考え合わせた末に到達した結論として言えることは」という話者の気持ちが、この短い副詞に込められている。それにしては、あまり考えたようすもなく、ときには間髪を入れずに発せられる言葉である。私の「やぱり」がまさにそれだった。

たとえば、「話す力をつけるにはどうしたらいいですか」という問いに、「やぱり音読でしょうか」と答えている。「音読です」と言っていないのだ。なぜここに「やはり」（私の場合は「やぱり」）を入れたのか。即座にずばりと結論を下すのを避けて、「あなたのためにあれこれ考えたんですよ」という意図でひとことはさんでおく。あるいは、よりよい日本語を話すために声に出して読むことが提唱され多くの支持を受けていたことから、「音読は広く世間に認知されている」ということを暗に示す。

一秒にも満たない間に、この両方の考えが私の頭のなかをめぐったのだと思う。おまけに、「でしょうか」とあいまいに結んで謙虚さを演出している。つまるところ私の「やぱり」は、聞き苦しい発音に加えて、世間におもねり、相手に対して恩に着せる、ずる賢い婉曲表現であったのだ。

つなぎの言葉

「まあ」にしろ「やはり」にしろ、さまざまな場面で使えるたいへん便利な言葉だ。便利なゆえに多用され、しまいには無意識のうちに口をついて出るようになる。そうなると言葉の本来の意味が軽減され、単に話の調子を整えるためにさしはさむ語と化す。「まあ」はすでに、「あのー」「えーと」「えー」「このー」「そのー」「んー」のような、いわゆるつなぎの言葉（フィラーとも言う）の仲間入りをしている。

口頭でのコミュニケーションにつなぎの言葉は欠かせない。というより、どんな言語でもつなぎの言葉なしに話をすることはできない。ときどき、書いてきた原稿をそのまま読み上げてスピーチをする人がいる。話すように書いてあればともかく、文末こそ「です・ます」になっているものの一分のすきもない論文のようなものもあり、聞いているほうが疲れてくる。

原稿を読む場合、話し言葉によくある言い間違い、言いよどみ、繰り返しはまずない。ときどき、一行とばして読んだりする人がいるが、これは論外だ。ともかく、完全原稿を用意してきたとしても、適宜につなぎの言葉が入っていると話し言葉らしくなり、聞き手の耳になじみやすい。

前述の「あのー」「えー」「まあ」などのほか、「でー」「じゃあ」もよく挿入される言葉だ。

「ちょっと」「なんか」「やはり」「だから」「いわば」「いわゆる」「一種」「ある種」も、つなぎの言葉として用いられる。若年層の間で使われている、元の意味のほとんど消え去った「へんな」や「ふつうに」もこの仲間だ。


「CD貸してくれない？　へんな、あの、この前聴いてたやつ」

「えーと、何ていうんだっけ、あの本。へんな、売れてるあれ」

「これ、ふつうにおいしいよ。おまえ、結構、料理できるんじゃん」

「年？　ふつうに二一歳」


若者に限らない。「奇妙な」「特異な」「怪しげな」という辞書に載っている語義とは一致しない「へんな」を使って、「へんな話」と繰り返す人もいる。「いわば」「言ってみれば」とほぼ同じ意味で使われるが、「こんなことを言ってしまっていいかどうかわかりませんが」と前置きして、謙遜している自分を一応アピールしておく、といったニュアンスがある。これも「やはり」と同様、やや恩着せがましい婉曲表現だ。もちろん当人は、恩に着せているつもりは毛頭なく、婉曲表現とも思っていないだろう。

口癖は感染する

言葉や口調は伝染する。個人の口癖の範疇を超えて、流行語のようになる場合もある。老若男女を問わず最近多くの人が好んで口にする、またはつい使ってしまう言葉を羅列して一つにしたのが次の文だ。

「要するにとりあえず逆にある意味基本的に、日本語力だ」

むろん、このとおりに使う人などいない。しかし、これらの言葉を口にする際に、一つひとつの意味を深く考えずに、つまりほとんど無自覚に使用する人がいるのは事実だ。

たとえば、要約をするわけでもないのに、「要するに」(または「要は」)を頻繁にはさむ。本来は要点を短くまとめる際に使われる副詞であるが、「要するに」と言ってから話を延々と続ける人もいる。そこでは、「かいつまんで言えば次のようになる」「重要な点は以下のことである」といった元の意味はほとんど考慮されていない。「つまり」「すなわち」「いわば」「言ってみれば」「別の言い方をすれば」「よりわかりやすい言葉で言い換えると」「ほかの表現を使って説明し直すとしたら」というほどの意味か、あるいはそれすらない、つまり無意味な場合もある。最重要な点を簡潔に述べることを要求される「要約」でないことは確かである。

「とりあえず」は、いまや完全にビールの枕詞となっただけでなく、老いも若きも、現代日本人にたいへん好まれている副詞の一つである。基本義は「取るべきものも取らずに」ということであり、「ほかのことは別にして、まず」といった意味で用いられる。「さしあたり」「一応」「ひとまず」などと同じように使われる場合もある。

居酒屋で開口一番に「とりあえずビール三本！」と叫ぶのは、したがって「正しい」用法だ。ほかの飲み物や食べ物はこれからメニューを見てじっくり決めるが、その前にまずは乾杯をするためのビールを注文しておこうというときだ。さらに、飲み物が運ばれてきて、料理の注文もすんだところで、再び使うことができる。

「とりあえず乾杯！」

本当はテーブルの上に料理が並んでから宴を始めたいところだが、喉も渇いていることだし、飲み物はそろったから、まずは乾杯して飲もう、そのうち料理もくるだろう、という気持ちがこの「とりあえず」に込められている。

『日本語学習者のための副詞用例辞典』（島本基編、凡人社、一九八九年）は、「とりあえず」を「あとでもっと完全にするけれど、急な措置として臨時的に」と定義し、例文を三つ載せている。

「救急車が来るまでにとりあえず応急の手当をした」
「とりあえず身の回りの物だけ持って家を出た」
「いずれ御挨拶に参上させて頂く所存でございますが、とりあえず書面にておん礼申し上げます」

次のような会話はどうだろう。

「どこ行くの？」
「とりあえず図書館。休講になっちゃったから」

あとでほかの場所に行くつもりで、そのことを示唆しているのであれば従来の用法と言える。学生の報告によると、別れの挨拶に使われることもあるという。その日はもう会う予定のない相手に「とりあえず、じゃあねー」と言ったり、毎日会っている友だちに向かって「とりあえず、あしたね」と言ったりするそうだ。こうなると従来の意味は消え去り、単に調子を整えるためのつなぎの言葉になってくる。

万引きの現場を取り押さえられた犯人が店長に、「とりあえず、すいませんでした」と謝るのをテレビで見たことがある。万引きをしたのは高齢の女だったが、「とりあえず」の意味を考慮しないでしゃべっているとしか思えない。あとでもっと完璧に謝ろうと思うけれども、いまは時間的な余裕がないので、応急処置として「すいませんでした」と言っておく、というのなら本来の用法どおりであるが、店長の心証を悪くすることは間違いない。たとえ自分のしたことを深く反省し、誠意を込めて詫びていたとしても、ここに「とりあえず」を入れてしまっては、無罪放免は望めまい。

「ある意味」には「別の意味」があるのか

「ある意味」も、特に深い意味もなく頻繁に用いられるようになった言葉である。「ある意味」ということは、「別の意味」が存在することを匂わせている。しかし、この言葉を好んで使う人々は「別の意味」に言及しない。それどころか、「別の意味」のことは全く脳裏にないようにすら見える。語の本来の意味が薄れ、断定を避ける軽い婉曲表現というほどの価値しか持たなくなったようだ。そして、無意味かつ無意識に使われる言葉になった結果、次のような明らかな誤用も見られるようになった。

「アメリカ、カナダ、日本といったある意味先進国では」

この三カ国が経済的発展を遂げた先進国であることは、現時点では疑う余地がない。よってこの文脈で「ある意味」は使えず、「アメリカ、カナダ、日本といった先進国では」となる。どうしても何か入れないと気がすまないのなら、「アメリカ、カナダ、日本といったいわゆる先進国では」とすればよい。

長引く不況にあえぎ、失業者数が増大し、政府の経済政策が効を奏しているとは言いがたいとしても、地球的規模で見れば日本はだれもが認める先進国だ。それがまぎれもない事実である以上、日本のことを話題にして「ある意味先進国」とは言えない。

「ある意味」を使うとしたら、たとえば、「大都市近郊に下水道の整備されていない地区がある日本は、ある意味では途上国だ」となる。経済発展、先端技術、国民の生活水準などの面から言えば、つまり「別の意味」では先進国なのである。先の例の話者は、「ある意味」を「まあ」「そのー」「あのー」のようなつなぎの言葉と同様に用いてしまったわけである。

「基本的に」の基本的な意味

「基本的に」も、数年来多くの日本人に好まれている言葉だ。対比するものがあるという点で、

「ある意味」に似ている。「基本的」は、「根本的」「本質的」「原則的」などと共通する部分がある。とすれば、反対語は「付随的」「副次的」「付帯的」とでもなろうか。

聴取者参加のラジオ番組で、電話をかけてきた人が次のように言っている。


「カラオケは基本的に嫌いなんです」


そして、嫌いな理由をいくつか挙げている。「基本的に嫌い」とは、「例外的には好き」なのかというと、そうでもなさそうだ。「基本的に嫌い」は、「あまり好きではない」「どちらかといえば嫌いだ」「嫌いなほうだ」などに比べて、「嫌い」の度合いはむしろ高い。その点から言えば、きっぱり「カラオケは嫌いなんです」と言ってしまってもよいくらいだ。

しかし、話者はここで聞き手の存在を意識し、言い切ることを避ける。言い切って、自分の判断に自信を持っていると思われたくない。鼻持ちならない自信過剰な人間ととられることを恐れる。

自信があることを誇示するのは、聞き手への敬意に欠けると見なされる。手間ひまをかけてごちそうをこしらえ、何度も味見をしてすばらしい出来であると自画自賛していても、人にふるまう際には、「私が一所懸命に作ったんです。すごくおいしいですよ」とは言わない。「お口に合うかどうかわかりませんが」と添えるのが日本式の謙譲の美徳だ。

自分は能力のある人間だ、決断力があり、その判断は正しい、と考えていたとしても、相手、とりわけ目上の人にはひけらかさない。自信をのぞかせないことが相手を尊重することになる。

したがって、このラジオ聴取者の用いた「基本的に」は、断言を避けることによって控えめな印象を与える、一種の敬意表現である。

別の参加者は次のように述べている。


「カラオケに行くと、基本的には、半分以上は、どの歌歌おうかなって考えてる」


「基本的には」と言ってすぐに、「半分以上は」と言い換えている。「基本的に」の意味を自ら明らかにしたわけだ。つまりこの人の認識では、割合が五割以上になると、その行為は「基本的」になる。

同じ番組に電話で出演した飲食店経営者は言う。


「カラオケは基本的に営業に組み入れてませんので」

この店はカラオケの機材を置いていない。「ふだんは使用しないが、例外的に年に数回使う」ということではない。この場合の「基本的に」は本来の意味を失っており、婉曲表現でもない。単なるつなぎの言葉になっている。

もっとも、婉曲表現とつなぎの言葉との境目は必ずしもはっきりしていない。

若手女性タレントがインタビューに答えている。

「基本的にほめられるのってちょっと苦手。恥ずかしさが先に立ってしまって、素直に『ありがとう』と言えずに、『あ、そう』なんてわざと言っちゃうんですよ」

「私、基本的には出無精なので、外に出たり人と話したりとかは、できればあまりしたくないんですよ」

どちらの文も、「基本的に」を削除しても意味は変わらない。ほめられることが苦手だ、出無精だ、と自分の性分について語っているのであるから、基本も例外もない。聞き手を意識して断定を避けているのか、あるいは無意識のうちに口をついて出てくる言葉になってしまっているだけなのか、もしくはその両方なのか。

「ほめられるのってちょっと苦手」の、「ちょっと」も「苦手」も控えめな表現に使われる言葉である。「病院は嫌いだ」という意味で、「病院は好きではない」「病院は苦手だ」「病院はちょっと苦手だ」と言うことができる。婉曲の度合いが順に強くなって、最後のはたいへん遠慮がちな言い方であるが、「病院は嫌いだ。行きたくない場所だ」というメッセージに変わりはない。

この女性タレントにとって、「基本的に」という言葉は、ほかの多くの人にとってもそうであるように、単なるつなぎの言葉となっている。同時に、無意識のうちに聞き手への配慮がなされていて、婉曲表現としての「基本的に」にもなっている。

反対のことを表さない「逆に」

「要するに」や「とりあえず」や「基本的に」は、すでにつなぎの言葉としての地位を確立していると言えるが、ここ数年の間に使用頻度と使用人口が飛躍的な発展を遂げたものに、「逆に」がある。語本来の意味とは微妙にずれた使い方がされているという点で、これまでのものと同類だ。「逆に」と言っておいて、続く部分が前件と逆のこと、反対のことを表していない。以下は、ラジオから流れてきた「新」用法の実例だ。

まず、ニュース原稿を読むアナウンサー。

「教員の平均年齢が上がっているという結果が出ました。これとは逆に、女性校長は増えているということです」

教員の高齢化と女性校長の増加は、相反する内容を示すものではない。「校長や教頭のような管理職の平均年齢は下がっている」と続くのであれば、「逆に」や「反対に」のような接続の言葉を使うことができる。従来ならこのニュース原稿の二つの文をつなぐのは、「一方」あるいは「他方」であったはずだ。

次は、「私は四〇歳のおじさんですが、ヒッキーの入籍にはびっくりしました」という聴取者の声を受けて、番組のアシスタントが言った言葉。

「私は逆に、四〇歳のおじさんがヒッキーと呼ぶことに驚きました」

この場合の「逆に」は、「そのことよりむしろ」という意味であり、聴取者の意見と反対のことを言っているのではない。より詳しく言い直すと、「聴取者の男性が宇多田ヒカルが婚姻届を出したことにびっくりしたと述べているが、私は彼女が結婚したという事実より、四〇歳の男性が宇多田ヒカルのことをヒッキーと呼んだことに驚いている」となる。

ニュースバラエティー番組のコメンテーターは次のように述べる。

「アルマーニの会長さんは、タイにポケットマネーを三五〇万円出して施設を作ってしまいました。逆に、それだけでできるということです」

ここでは、「言い換えれば」「別の言い方をすれば」の意味で使われている。

「若い男性に欠食傾向が見られるというんです。食事をしないんですね。逆にサプリメントを摂取しているという」

この「逆に」は、「その代わりに」「食事の代わりに」「食事をしないで」というほどの意味だ。

「三連休にしてハッピー・マンデーはいいんですけど、逆に連休明けの火曜日に学校に行きたくない、体調が悪いなどという子どもが増えている。ブルー・チューズデーなんですね」

かつての憂鬱な月曜日が三連休のおかげでうれしい月曜日になったのに対して、火曜日が憂鬱な日になった、と言いたいのはわかる。しかし、文中の「逆に」は余計だ。どうしても何か入れたいのなら、「今度は」「いまでは」であろう。

このように、「逆に」は「一方」「他方」「それよりむしろ」「言い換えれば」「別の言い方をすれば」「そうではなくて」「その代わり」などの意で用いられる、きわめて便利な接続語になった。話し手の意識のなかで、どんなに小さなことでもかまわない、何らかの対立要素が認められれば、「逆に」が使われる。

ラジオからは、もちろんこれまでどおりの用法の「逆に」も聞こえてくる。

「発展途上国の人は世界の人口の八割なのに、持っている富は二割なんです。逆に言えば、二割の先進国の人間が八割の富を握っているんです」

「逆」という語が好まれているもう一つの例を挙げると、最近は「正反対」のことを「真逆」と言うようになった。「まぎゃく」と湯桶《ゆとう》読みをし、読み方も意味も異なる「まさか」と区別されている。

「僕の妻は理数系で、メカに弱い僕とは真逆だ」

「地図の見方を間違えて、真逆に歩いていった」


などのように使われている。

出過ぎの感のある「で」――その1

次の1〜8の「で」の使い方に、どのぐらいの人が抵抗感を抱くだろう。違和感を覚える「で」と、覚えない「で」とが混じっているだろうか。


「歌手**で**[*1]作家のXさんが、夫**で**[*2]プロボクサーのZさんと離婚に向けて話し合いを進めていることを明らかにした」

「株式会社○○新座工場で、派遣社員**で**[*3]志木市本町、Qさん（四五歳）が輪転用の巻き取り紙の下敷きになり重傷を負った」

「では、お聴きください。美空ひばり**で**[*4]『川の流れのように』」

「ドレッシングはフレンチと中華風がございますが、どちらがよろしいでしょうか」「じゃあ、中華風**で**[*5]」

「ＡＢＣＤのなかから一つ選んでください。どれにしますか」「えーっと、Ｂ**で**[*6]」
「ご連絡は平日の午前九時から午後四時半までの間**で**[*7]お願いします」
「授業時間厳守**で**[*8]お願いします」

これらは、新聞、掲示板、ちらし、手元に来た通信文などから拾ったもの、大学の教室、居酒屋で聞いたもの、ラジオから聞こえてきたものである。一部省略・変更したが、「で」の使い方は元のままだ。厳密にいえば、**1**〜**3**は助動詞「だ」の連用形、**4**〜**8**は助詞の「で」である。

現在、「歌手**で**[*1]作家のＸさん」に違和感を抱く人は少数だろう。「夫**で**[*2]プロボクサーのＺさん」になると、ややひっかかるものを感じる人がいるかもしれない。しかし、**2**もすでに大手を振って表通りを歩いている。「派遣社員**で**[*3]志木市本町」は新聞記事だが、こうなると読みすごすことのできない人も出てこよう。

微妙な違いはあるものの、この三つの「で」は同じ性格を持つ。いずれも、対等の資格を持つ二つの言葉を並べる言い方だ。**1**はＸさんの二つの職業、**2**はＸさんとの関係で語られるＺさんの身分と、プロボクサーというＺさんの職業、**3**はＱさんの会社での身分と、Ｑさんの住所を並べる「で」である。

1に違和感を覚える人が少ないのは、すでに広く使われているからだ。私はそれでもいまだに抵抗を感じている。初級レベルの日本語教科書にも載っていない。外国人学習者の習う「対等の資格を持つ二つの言葉を並べる言い方」としての「で」は、次の二種類だ。

「この辺は静かで緑が多い」「彼は料理がじょうずで韓国語がぺらぺらだ」「あの男はうそつきで怠け者だ」のように、「そのうえ」「しかも」で言い換えることのできるもの。もう一つは、「母が社長で父が専務だ」「彼はハンサムで彼女は美人だ」「姉は物静かで妹は活発だ」のように、「一方」「それに対して」で言い換えることのできるものである。

前者のペア（「静か」と「緑が多い」、「料理がじょうず」と「韓国語がぺらぺら」、「うそつき」と「怠け者」）は、プラスイメージでもマイナスイメージでもかまわないが、プラスイメージ同士、またはマイナスイメージ同士というように、両者にある種の関連性がなければならない。たとえば、「私の彼はとても親切で優柔不断です」のようなプラスイメージとマイナスイメージの並列はできない。また、同類のイメージであっても、「あの人は車の運転がへたで、太りすぎです」のような突拍子もない並べ方もだめだ。

後者にはペアが二つずつある。対立するペア（「母」と「父」、「彼」と「彼女」、「姉」と「妹」）と、同じカテゴリーのペア（「社長」と「専務」↓カテゴリーは「会社内の地位」、「ハンサム」と「美人」↓カテゴリーは「容姿の形容」、「物静か」と「活発」↓カテゴリーは「性格のありよう」）である。

1、**2**、**3**を含む文は、ペアが一組であるという点では前者だが、「歌手」と「作家」はともかくとして、「夫」と「プロボクサー」は同列で論じられないし、「派遣社員」と「志木市本町」というのは想像不可能なペアだ。

しかし、**1**はもちろんのこと、**2**もすでに市民権を得ている。テレビ、ラジオ、新聞で見聞きしない日はない。「××被告は、次男で高校二年生の○○君を殺害したかどで懲役一〇年の実刑判決を受けた」など。

では、**1**と**2**の「で」を使わずに最初の文を書き換えるとどうなるだろうか。

「歌手であり作家でもあるXさんが、プロボクサーをしている夫のZさんと離婚に向けて話し合いを進めていることを明らかにした」

慣用句を使えば、次のような言い方もできよう。

「歌手と作家という二足のわらじをはくXさんが、夫であるプロボクサーのZさんと離婚に向けて話し合いを進めていることを明らかにした」

歌手が本業で作家が副業であれば、こうも言える。

「作家でもある歌手のXさんが、夫のプロボクサー、Zさんと離婚に向けて話し合いを進めていることを明らかにした」

少し言葉を補えば、何とおりにも言うことができそうだ。ただし、文が長くなる。

「歌手としても作家としても活躍するXさんはプロボクサーのZさんと結婚しているが、XさんはZさんと離婚に向けて話し合いを進めていることを明らかにした」

「歌手として活躍するかたわら作家としても知られるXさんの夫はプロボクサーのZさんであるが、そのXさんがZさんと離婚に向けて話し合いを進めていることを明らかにした」

新聞記事なら以下のような書き方も可能である。

「Xさん（歌手・作家）が、夫のZさん（プロボクサー）と離婚に向けて話し合いを進めていることを明らかにした」

3の「で」は、「派遣社員のQさん」と「志木市本町のQさん」を一つにまとめたものだが、身分と住所を無理やり並べている。「志木市本町に住む派遣社員のQさん」「派遣社員のQさん（志木市本町在住）」としたほうが読みやすい。

一方、2の「で」を使わずに書かれた宣伝文もある。

「幸福に生きる道として農的生活を主張し、実践した著者の遺稿を、妻である歌手の加藤登紀子氏がまとめたもの」

加藤登紀子編『農的幸福論　藤本敏夫からの遺言』（家の光協会、二〇〇二年）の新聞広告だ。いまふうの書き方をすれば、「妻で歌手の加藤登紀子氏」となるところである。当たり前の書き方なのに、「で」の氾濫した現在、新鮮さと上品さが感じられるから不思議だ。

出過ぎの感のある「で」――その2

「では、お聴きください。美空ひばり**で**[*4]『川の流れのように』」の「で」は、現在、楽曲紹介の際に必ずといってよいほど使われている。この「で」には二とおりの解釈が可能だ。一つは**1**、**2**、**3**と同じく対等のものを並べる「で」、もう一つは手段・用具の「で」である。

言葉を補ってみよう。前者の（対等のものを並べる）解釈なら、「お聴きください。歌（を歌うの）は美空ひばりで、曲名は『川の流れのように』」、後者（手段・用具）なら、「美空ひばりの歌唱で『川の流れのように』をお聴きください」となる。後者をさらに別の言い方にすると、「美空ひばりの歌唱による『川の流れのように』」となる。

だが、手段・用具の「で」だとすると、その用法が、辞書に載っている用例（「彼女は歌で生計をたてている」「ピアノでソナタを弾く」（ともに『小学館プログレッシブ和英中辞典』第三版、小学館、二〇〇二年）とは微妙にずれる。

辞書の用例にしたがえば、次のような例が考えられる。

「美空ひばりの歌った『川の流れのように』を、リチャード・クレイダーマンのピアノ（の演奏）でお聴きください」

「布施明の『そっとおやすみ』を、今日は美空ひばり（の歌）でお聴きいただきます」

かっこ内の言葉があれば明快だが、なくても十分通じる。「Aの持ち歌を、Bの歌または演奏によって聴く」という、まさしく手段・用具の「で」だ。「Aの持ち歌をAが歌う」のなら、歌手名と曲名をわざわざ「で」でつなぐ必要はない。かつての歌番組の司会者は、この「で」を使っていなかった。

「次の曲は、美空ひばりの『川の流れのように』です」

「美空ひばりさんが歌います。『川の流れのように』。どうぞ」

言葉のプロフェッショナルであるなら、視聴者、聴取者に与える影響が大きいことを自覚し、安易に「で」に走らない努力をすべきである。だが、現状を見るかぎり、このような意識を持つアナウンサーはもはや少数派のようだ。

出過ぎの感のある「で」――その3

「中華風**で**[*5]」と「B**で**[*6]」の「で」を、便宜的に「選択」の「で」と呼んでおこう。フレンチドレッシングと中華風ドレッシングのどちらがいいかと聞かれて、「中華風で」と言う。ABCDのうち、どれにするかと問われて、「Bで」と答える。

日本語の教室では、「中華風がいいです」「Bにします」のように教えるが、教室の外の日本人はだれもそのようには言わない。くだけた会話なら、「中華風」「B」と体言止め。やや改まった場では、このきわめて便利な助詞の「で」をつけて言葉を切る。

(学生が私に)「今学期終わったら退学しようと思うんで。マジで」
(レストランでウエートレスが)「ご注文のほうはお決まりで」
(スーパーマーケットのレジで一万円札を出すと)「一万円からで」
(クレジットカードで支払おうとすると)「一回で」
(美容院の受付で部分白髪染めとトリートメントを頼むと)「お染めとトリートメントで。お染めは部分で。シャンプーのほうはおすみで」

……となる。

「選択」の「で」に戻ろう。これは、謙虚な「で」と言い換えてもよい。へりくだって基準を低く定め、「これで十分だ」「これだけで結構だ」の「で」である。「申し分ない。何も言うことはない」という意味が込められている。

「さあさあ、何でも好きなものを注文してちょうだい。飲み物は何がいい？」と聞かれたら、謙虚な人は、「いちばん安い焼酎でいいです」と答えるだろう。ときどき、「ごちそうになるのに『〜でいい』とは何ごとだ。『〜がいい』と言え」と怒る人がいるが、遠慮していちばん安い焼酎を頼んでいるのだから、ここは「〜でいい」でいい。Aという名のいちばん安い焼酎がうまくて好きだという人がもしいたら、当然、「(いちばん安い焼酎の) Aがいい」となる。

ワインファンの場合は、遠慮がちに「(いちばん安い) テーブルワインでいいです」とは言うが、「ロマネコンティでいいです」とは言わない。もちろん、言う場合もある。基準を低く定めるとはいえ、それは相対的なものだからだ。「子どもは一人でいい」「お金貸してくれない? 一〇〇〇円でいいから」だけでなく、「新婚旅行はモナコのF1観戦でいい」とも言えるのである。豪華客船による世界一周を計画したが、金銭的な余裕はあっても時間的な余裕がないので、あきらめてモナコだけにするという景気のいいカップルもいないとは限らない。

しかし、居酒屋でごちそうになるときに「〜でいい」を使うと、相手が不快に思うかもしれない。そのため、「あ、じゃあ、焼酎いただきます」と言ったり、文を最後まで言わずに「じゃあ、焼酎を」までで止めて、「飲んでもいいですか」「頼んでいただけますか」という含みを持たせたりする。または、「じゃあ、焼酎で」と、「選択」の「で」を持ってくる。「選択」の「で」は謙虚な「で」でもあると書いたが、この場合はむしろ、謙虚さを演出する「で」だ。もてなす側も、「じゃ、焼酎でいいです」にはむっとするかもしれないが、「じゃ、焼酎で」であれば気分を害さない。

選択の「で」であるのに加えて、次に述べる「〜でお願いします」という言い方がすっかり定着したため、招待主は、「じゃ、焼酎で」の次に「お願いします」が続くことを暗黙のうちに了解する。「お願いします」と――実際には言っていないのだが――下手《したて》に出られれば悪い気はしない。ごちそうになる側の謙虚さの演出が成功したわけだ。「選択」の「で」は、したがって「依頼」の「で」でもある。

出過ぎの感のある「で」――その4

日本人学生対象の授業で、複数の文章のなかから一つ選んで音読するというテストを実施したとき、学生たちは判で押したように、この「で」を使って、自分の選択したものを示した。「何番ですか」「何番がいいですか」「何番を読みますか」「何番にしますか」と質問の仕方をあえて変えてみたのだが、六〇人余りの学生の九割以上が「〇番で」とひとことだけ発した。ほかの者は、「で」抜きの「〇番お願いします」と言った一人を除いて、「〇番でお願いします」だった。

初級レベルの外国人の日本語学習者なら、「〇番です」「〇番を読みます」「〇番を選びます」「〇番がいいです」「〇番にします」と言うだろう。彼らはそれらの言い方しか習っていない。新しい「で」の用法を知らない。「〇番でお願いします」は教科書に載っていないのだ。

「ご連絡は平日の午前九時から午後四時半までの間**で**[*7]お願いします」

これは、ガス会社からの工事の案内の末尾に記されていた。だが、普通「○時から○時までの間で連絡する（電話をかける）」「○時から○時までの間に連絡する（電話をかける）」とは言わない。つまりこの場合は、後ろに「お願いします」があったために、「で」が出てきてしまったのだ。

「授業時間厳守**で**[*8]お願いします」

大学から教員への連絡事項のなかにあったものだ。「あなたがたが授業の始まりと終わりの時刻を守ることをわれわれは願う」旨を伝えるには、「授業時間を厳守してください」とも「授業時間の厳守を心がけてください」とも言える。しかし、「お願いします」をつけて文を一つにすると、「授業時間厳守でお願いします」のように、「で」が登場する。

「もっと大きい声でお願いします」（動作の行われる状態の「で」）

「記入はボールペンでお願いします」（手段・用具の「で」）
「おタバコは喫煙所でお願いします」（場所の「で」）
「講演のテーマは『最近の日本語』でお願いします」（話題の「で」）
「スピーチは三分でお願いします」（時間・期限の「で」）

これらはすべて「〜でお願いします」となっているが、「依頼」の「で」ではなく、「で」の本来の用法だ。「大きい声で話す」「ボールペンで記入する」「喫煙所でタバコを吸う」など、この部分の助詞はもともと「で」以外にはありえない。それに対し、「午前九時から午後四時半までの間**で**[*7]お願いします」の「で」は、そもそも「に」であり、「授業時間厳守**で**[*8]お願いします」の「で」は「を」であった。「お願いします」に引きずられて、いずれも「で」（すなわち「依頼」の「で」）が出てきてしまったのである。

ほかの言い方もできるはずなのに、あまり深く考えずに簡便な「で」に飛びついている。「お願いします」を略した形は、言葉を出し惜しむ傾向を示しているとも言えようか。第一章で見た、「六階」を「ろく」、日付の「一九日」を「じゅうきゅう」とするような助数詞の脱落も、明らかに言葉の出し惜しみだ。

もう一つ例を挙げると、ここ数年の間に、「よろしくお願いします」と言うところを、「お願いします」だけですます人が目立ってきた。「はじめまして。お願いします」と言うのだ。日本語の教室では、「はじめまして。どうぞよろしくお願いします」と教えており、もし何かを省くとしたら、「お願いします」のほうを削って、「はじめまして。どうぞよろしく」と言うことになっている。いよいよ、教科書を書き換えなければならない時期が来たのかもしれない。「よろしく！」のひとことでコンサート会場をわかせるロック歌手の矢沢永吉は、日本語のこの異変をどう見ているだろうか。

スポーツ記事・スポーツ実況用語

「中田攻め演出もパルマ引き分け」
「野茂好投も三敗目」
「連敗脱出も笑顔なしマリナーズ」

この「も」が新聞のスポーツ面の見出しに躍らない日はない。最近は新聞や雑誌の一般記事でもよく見るようになったが、さしあたり、スポーツ記事的用法の「も」としておく。最初の見出しを、情報を若干補足して文章化すると次のようになる。

「中田英寿選手が攻撃でいい局面を演出したのだが（または、演出したにもかかわらず、あるいは、演出はしたものの）、所属チームのパルマは引き分けという結果に終わった」

「中田攻め演出するもパルマ引き分け」とも言えるが、スポーツ記事的用法の「も」は、「する」が省略されて名詞に直接接続している点が新しい。見出しという性格上、趣旨を変えずにできるだけ短くしなければならないのである。

二〇〇二年一一月一八日付の朝日新聞夕刊のスポーツ面に、イタリアおよびイングランドのクラブチームに所属する日本人サッカー選手の記事が載っている。くしくもその三本の短い記事の見出しに、すべてこの「も」が使われている。

「中田好シュートも不発」
「俊輔活躍もチーム敗退」
「フラムの稲本出場も分ける」

最初の見出しは、「好」の一文字があるかないかで意味が全く変わってしまう。この見出しであれば明らかに、「好シュートを放ったもののゴールネットを揺らすにはいたらず、不発に終わった」ことを意味する。一方、「好」がなく、「中田シュートも不発」であれば、次のように解釈できる。

「パスも通らず、守備でもミスがあり、シュートはしたけれどもゴールにならず、何もかもうまくいかなかった」

これは、まぎらわしい。

右の見出しはすべて新聞から拾ったものだが、「も」の前にプラス要素、あとにマイナス要素がきている。前にマイナス、後ろにプラス要素を持ってきてももちろんかまわない。

「アドリアーノ（選手）退場もパルマ快勝」
「ボナッツォーリ（選手）放出もパルマ好調」

最近ではスポーツ記事以外にも認められる。

「空手で全国大会出場も高校中退したら白い目で」（新聞のテレビ欄より）

あくまでもこれは見出しの「も」であり、本来、話し言葉はもとより書き言葉にも用いられない。今後も言葉の出し惜しみ傾向は高まっていくだろうが、話し言葉のなかに、この「も」が現れるとは思えない。しかし、メモや簡単な日記のような、新聞の見出しふうの記述の際には重宝がられるかもしれない。

「不良債権処理に一兆円増資も自力再生ならず」
「会議出席も不毛で退屈」
「授業欠席も代返成功」

スポーツ記事およびスポーツ実況用語から出発した言葉、言い回しには、ほかに次のようなものがある。

「選手が痛んでいます」
「ローマの選手が一人痛みました」

選手が足を痛めた、腿を痛めた、と使うべきところであるが、この言い方はいまや民放だけでなくＮＨＫでも聞かれる。「痛む」のは歯や胸だったはずだが（歯が痛む、胸が痛む）、いまでは「私は痛んでいます」も可能だということか。

「戦前の予想では苦戦すると見られていましたが」

言うまでもなく、戦争ではなく試合のことを話題にしている。試合前と言うより短くてすむから――といってもわずか一拍の違いしかないが――好まれるのだろうか。ただし、試合のあとのことは戦後ではなく、試合後と言っている。

「ペルージャは結果を出しました。レッジーナは結果が出なかったということです」

レッジーナにも結果は出ている。敗北という悪い結果が出ている。つまり、よかろうが悪かろうが、「もとになる事柄があって、それから生じた状態」（『福武国語辞典』）が結果なのだ。しかし、スポーツ用語の「結果」イコールよい結果であるゆえ、試合に負けると「結果が出なかった」となる。いままでは一般にも使われている。

「結果が出せず申し訳ない」

帰国直後にこう述べたのは、二〇〇二年秋に日朝国交正常化交渉にあたった日本側の大使だ。交渉はうまくいかなかった。すなわち、交渉決裂という残念な結果が出た。大使は辞書の定義ではなく、スポーツ実況用語のほうを採用したのである。

「来週」と「翌週」は同義語か

「翌週」という言葉の気になる使い方を初めて耳にしたのも、サッカーの実況放送中だった。スポーツ中継は、しばしば「新語」を生み出す。

「今週は残念な結果となってしまいました。翌週に期待しましょう」

「今日の試合が終わるとすぐ、選手たちは翌週のUEFAカップのための合宿に入るそうです。つまり、翌週は週半ばと週末の二試合あるということです」

このアナウンサー（同一人物）は、「来週」と言うべきところを「翌週」と言っている。

「翌」が使えるのは過去または未来の一地点を基準にしたときだけで、今日、今週、今月、今年の次のことを言うときは使えない、と外国人学習者に説明している私はこれを聞いて耳を疑った。「来週」と「翌週」とではは用法が全く違うのだ。ところが、その後すぐに、ほかの場所でも耳にすることになる。

「JR山手線は、翌一六日からリフレッシュ工事を行います」(一〇月一五日の車内アナウンス)

「首都高速道路は、今夜一〇時から翌朝五時まで通行止めになります」(ラジオで流された首都高速道路公団からの「お知らせ」)

この話を大学の授業でしたところ、学生からも報告を受けた。その一つが次の例だ。

「では皆さん、また翌年お会いしましょう」

一二月三一日の夜から元旦にかけてのテレビ番組のなかで、日付が変わる直前にアナウンサーが言った言葉。この人は一月一日になったらすぐに、再度登場することになっていた。

学生のなかには、来週と翌週、来年と翌年の関係は、きょうと本日、去年と昨年のようなもの、つまり、同じ意味の言葉の、日常的な言い方と改まった言い方であると認識している者もいた。

学生の一人がレポートを書いてきた。それによると、「翌」は、ある日、ある週、ある月、ある年を基準にしたときに、その次の日、週、月、年を意味するものである。いまから三週間前を基点にすれば、いまから二週間前が翌週となる。今週を基点にすれば、次に来る週は翌週である、つまり来週のことである。したがって、サッカーの試合を実況したアナウンサーの「翌」の使い方は正しい、というものであった。

ここで問題なのは、現時点、すなわち今日、今週、今月、今年などを基点にしてよいのか、ということである。「三週間前の日曜日に久々に登山をした。翌週はずっと足腰が痛かった」というのは、学生のレポートのとおり、適切な使い方である。また、「来月の一日から七日まではちょっと都合がつかないのですが、翌週以降でしたら、いつでも大丈夫です」と、未来のある時点を基準にしてももちろん言える。だが、基点を今週に置いて、「今週行われる予定だった党首会談が翌週に持ち越された」と言えるのかどうかを議論しているのだ。

レポートを書いてきた学生はこれを可能だとしたわけだが、私は不可能であるといままで思ってきたし、外国人学習者にそう教えてきたし、現在でもそう思っている。しかし、現実にはこの用法が跋扈《ばっこ》し始めている。また一つ、日本語の教室で教えていない「新しい日本語」が増えたということなのだろうか。

もっとも、「今日は快晴でした。翌日も晴れるでしょう」と言う気象予報士には、いまのところ、お目にかかっていない。

外来語・カタカナ語

かつて、高齢者は「パーティー」の「ティー」が発音できず、「パーテー」とか「パーチー」とか言っていた。しかし、二一世紀の高齢者は「ィ」をはじめ、「ァ」「ェ」「ォ」「ュ」のつく音を習得し、「ティーショット」「フロッピーディスク」「ファミリーレストラン」「アフターシェービングローション」「フォワード」「デュエット」などの発音もお手のものだ。

すると今度は、学習の成果をあらゆるところで発揮したくなってくる。意識的に、あるいは無意識のうちに、自分の獲得したルールをほかのケースにも当てはめようとするのである。これは「規則の過剰般化」と呼ばれる、一般に外国語学習者や幼児期の母語話者が言語習得の過程で経験する誤りだ。日本の高齢者が「ホームステイ」を「ホームスティー」、「デスクトップ」を「ディスクトップ」、「エンターテインメント」を「エンターティメント」と言うのも「規則の過剰般化」と考えられる。

高齢者に限らない。イタリアのサルデーニャ島を「サルディーニャ島」、ホテルのコンシエルジュを「コンシェルジュ」、女性製菓技術者パティシエールとカスタードクリームを表すクレーム・パティシエール（ケーキ屋のクリームの意）を「パティシェール」、アルゼンチンのサッカー選手バティストゥータを「バティステュータ」と発音する。「デ」より「ディ」、「シエ」より「シェ」、「トゥ」より「テュ」のほうがヨーロッパ語のように思えるのだろう。

日本で「ミルフィーユ」と呼ばれている、「薄い層に焼いたパイにクリームを挟んだ菓子」millefeuille（『ディコ仏和辞典』白水社、二〇〇三年）も同様だ。パリで発行されている日仏両語の情報誌「オヴニー」（インターネット版は、http://www.ilyfunet.com）は次のように書いている。

「フランスのパン屋で『アン・ミル・フィーユ　S・V・P（著者注、シル・ヴ・プレ）』と言っても、きっと通じない。だってミル・フィーユ mille filles だと千人の女の子って意味になる。カタカナ表記は難しいが、『ミル・フイユ』と発音します。千枚の葉というなんとも詩的な名前はパット・フイユテ pâte feuilletée とよばれるパイ生地からきている」（二〇〇二年九月一五日発行、五〇七号）

日本語のカタカナで外国語の音を書き表すのは難しいが、このケーキの場合、わざわざ「フィ」としなくても、「フイ」でいいわけだ。実際には、「ミルファイユ」「ミルフイユ」「ミルフェイユ」「ミルフォイユ」を足して四で割った音に近いが、一つだけ確かなのは、けっして「ミルフィーユ」ではないということである。

パリの学生街は、日本で「カルチェラタン」として知られているが、地区を意味するquartierも、「カルチエ」でかまわない。この部分の発音は有名宝飾店の「カルティエ」(Cartier)と全く同じだ。この超高級ブランドも、日本語では長い間「カルチェ」と呼ばれていたが、いまでは「カルティエ」に改められている。フランスに行って、このカタカナ表記そのままに発音しても通じると思うが、「南仏なまりの日本人」と不思議がられそうだ。パリっ子の発音では「キャフチエ」と聞こえる。もっとも日本人がこれをまねようとすると、綴りの全く異なる「カフェの店主」(cafetier)とも似た音になるから、ブランドのイメージにそぐわないという理由で、カルティエ社には受け入れてもらえないだろう。

サッカー日本代表前監督の名を「トルシェ」と言っていた人もいた。車の「ポルシェ」からの発想だろうか。確かに「トルシエ」というのはかなり日本語的な発音であり、「トゥルースィエ」または「トゥフースィエ」のほうがフランス語の音に近い。前監督自身は、片言の日本語を使うとき、自分の名前を「トゥルシエ」と発音していた。

一方、フランス人のほうも、日本の企業を「オンダ」「ヤマア」「キャワザキ」「ミツビチ」「イタシ」と呼んではばからない。小泉純一郎首相のファーストネームにいたっては、正しく発音されたためしがない。ローマ字表記をフランス語式に読めば「ジュニシロ」になるので、こう呼ばれるのはいたしかたないが、なぜかイタリア語読みにして「ユニキロ」と発音するニュースキャスターもいる。

ところで、フランス語のシェフという言葉が、料理人の意で広く使われている。板前、板場、板元、板さん、コック、調理師、寿司職人などに加えて、シェフも日本語の語彙の仲間入りをした。料理人のなかでも特に、複数の料理人をまとめる立場にある者、または一人で店を切り盛りするコックを指すが、料理人一般を表すこともできる。料理人たちの上に立つ者としてはすでに料理長、板長、コック長などがあるが、そこにシェフが加わって、棲み分けがなされている。外国人学習者はともかく、日本語母語話者であれば、「老舗《しにせ》の割烹料理屋でシェフをしている」とか「インド料理店の板長だ」という言い方はしない。フランス語ならシェフという単語一つでこと足りるのに、日本語はそうではない。

シェフの語源はラテン語で頭《あたま》を意味する言葉である。シェフ・キュイジニエ（料理人の頭《かしら》）、シェフ・ド・キュイジーヌ（料理長、厨房長）のシェフの部分だけで、コック長を指すようになった。

ちなみにフランス語では、国家元首、官房長、参謀総長、オーケストラの指揮者、企業のトップ、売り場主任、班長、現場監督、駅長、世帯主、悪者一味の首領などもシェフである。大統領、すなわち国家元首は国家のシェフ、首相は政府のシェフ、外務大臣は外交のシェフと呼ばれる。

日本語では古くから、長《おさ》、長《ちょう》、頭《かしら》、頭領、棟梁、頭目、首長などを器用に使い分けてきた。それらにチーフとシェフも加わった。日本語の受容力、多様性、繊細さには兜《かぶと》を脱ぐかシャッポを脱ぐか脱帽するしかない。

ところが、これが一つ間違うと滑稽なことになる。たとえばチーフシェフという言葉だ。総料理長のことを一部でこう呼んでいる。チーフとは、言うまでもなくシェフを表す英語である。同じ意味の英語とフランス語をつなげたこの言葉を日本語に直訳したら「長頭(おさがしら?)」とでもなるのだろうか。

パリ在住で料理関係の仕事をしている友人によると、料理人としてのシェフは、あくまでも下で働くコックたちのトップに位置する人間のことを言い、平の料理人をシェフとは呼ばないのだそうだ。総料理長に当たる言葉はディレクトゥール・ド・キュイジーヌで、この地位に達すると、もはや厨房に立って実際に料理をすることはなくなるという。

この場合のディレクトゥールとは、指揮する人、管理する人という意味であるから、料理長以外の訳語として、調理指揮者、厨房管理者が考えられる。いずれも漢語で、硬い。この硬さが嫌われて和製外国語が作り出されるのであろうが、チーフシェフはいささか思慮に欠けた造語と言わざるをえない。

半疑問の丁寧形は耳障りではない？

「おかしな上昇イントネーションが蔓延してますよね。半疑問っていうんですか？　実に耳障りですね」

これを耳で聞いて不快に思う人はおそらくいないだろう。次はどうだろうか。

「おかしな上昇イントネーションが蔓延してますよね。半疑問？　実に耳障りですね」

後者の「半疑問？」の部分が、問題の半疑問イントネーションで発音されている。これを不快に感じるという人は多い。しかし、同じくらい多くの人々が自ら使用している。おそらく、自分では無意識に使用していながら、ほかの人が言うのを聞くと不快感を抱くのだろう。

ところが、冒頭の例のような半疑問の丁寧形は許されている。少なくとも、いわゆる半疑問イントネーションに向けられるごうごうたる非難は浴びていない。

「いまは、悪くても高卒（ですか）？　大学行くのが当たり前っていう時代になってますよね」

「原田知世さんが着ていた真っ白の、全身真っ白の、スキーウエア（ですか）？　あれに憧れて、もう買いたくて」

「大学院浪人（っていうんですか）？　これがどんどん増えると思うんですね」

「子どもは外に出て遊んで、汗かいて、子どもらしい生活（っていうんでしょうか）？　そういう生活をしてほしいですね」

「私、ひじの上のほうに四センチから五センチぐらい（ですか）？　あざがあるんですよね」

「お小さいときはどんなお子さんでした？」「わんぱく（ですかねえ）？　ガキ大将（ですかね）？」

「私は好きなことに関しては手間を惜しまない（っていうんですか）？　まあ、凝り性なんですよ」

「日記を書き続けるコツは何ですか」「書きたいときに書く（っていうことですか）？　無理しなくていいんですよ」

テレビとラジオから聞こえてきた半疑問の丁寧形を並べてみた。丁寧形、すなわち、もともとはかっこ内の「ですか」「っていうんですか」「っていうんでしょうか」などをともなった形で使われていた。かっこに入れたのは、この部分を削れば、悪評このうえない半疑問イントネーションに一瞬のうちに変身することを示したかったからである。

同じ半疑問であっても、丁寧形ならさほど気にならないのに、丁寧形でなくなると不愉快になるのはなぜだろう。

自分の発言内容や言葉の選択に自信が持てないとき、だれかに確認して同意を求めたいという心理が働く。「〜で間違ってませんか」「〜で間違ってませんよね」「〜でいいんでしたっけ」「〜っていうんでしたっけ」といった類の言葉を実際に口に出すこともある。これらは純粋の疑問形とはいえないが、相手に確認し、相手の反応を待つものだ。

一方、「〜って言ったらいいのかしら」「〜っていうのかな」になると、相手に向かってでなく、自分自身に確認している。いったん口に出したことを再考しようとするときのひとりごとだ。聞き手は、「そのとおりです」とも「違います」とも言う必要はない。あなたが考えをまとめて再び言葉を紡ぎ出すまで待っていますよ、という態度をそれとなく示すだけでよい。

ところが、半疑問イントネーションはそのどちらでもない。相手の意見を聞こうと思っているわけでもなく、自ら再検討しようともしていない。求めるのは相手からのあいづちだ。それも、「ええ」「うん」のような軽いあいづちであり、「えっ?」とか「何それ?」とか「違うよ」といった質問や否定の言葉が返ってくることを求めていない。

半疑問イントネーションには必要以上のなれなれしさ、べたべたとすりよってくるいやらしさが感じられるから嫌われる。情報を共有していない相手とは適切な距離をとるのが礼儀であるはずなのに、半疑問の部分は当然ながら「タメぐち」だ。妙に親しげにもたれかかってくる感じだが、それでいて、質問も否定もさせないということは、濃密な関係を拒絶している。話し手しか知りえない情報に関して同意を求められても、求められたほうは当惑するだけだ。そのあたりに、多くの人が抵抗を覚えるのであろう。

「腑に落ちる」は腑に落ちない

納得するという意味で「腑に落ちる」が使われるようになった。私の感覚では「腑に」ときたら「落ちない」以外に考えられないため、この言葉を見聞きするたびに居心地の悪さを覚える。「足を向けて寝られない」「気が進まない」「首が回らない」「示しがつかない」「捨てたものではない」「反りが合わない」「手が回らない」「できない相談」「西も東も分からない」「馬鹿にならない」「虫が好かない」「笑いが止まらない」などと同様に、つねに否定形で用いられる慣用句と認識しているからだ。

しかし現実には、「腑に落ちる」を有名な作家が用い、テレビやラジオで有識者が使用する。その影響を受けて、一般の人々も使い始める。次第に、抵抗を覚える私のような者が少数派になっていく。

ただただヒステリックに拒絶するのはいただけない。かといって、手をこまぬいてなりゆきを見守るだけというのも意気地がない。なぜ使いたくないのか、なぜ釈然としないのか。せめて自分自身に対してだけでも説明できるようにしておきたい。感覚的にしっくりこない、では理由にならないのである。

コンパクトにまとめられた『三省堂慣用句辞典』（特装版、三省堂、一九八二年）では、「腑に落ちない」をはじめ、先に挙げた慣用句はすべて否定の形で見出し語になっている。総数三五〇〇ほどの項目のうち、「ない」「ぬ」「ず」「かねる」「がたい」のような否定形で終わっているものは、一割に満たない。

一方、「辻褄《つじつま》が合う」「辻褄が合わない」、「足並みが揃う」「足並みが揃わない」、「気が済む」「気が済まない」のような、肯定と否定の両方が可能なものは、肯定形のほうが見出しになっている。もちろん、だからといって、「腑に落ちない」は肯定形では使わない、と結論づけるのは短絡的だ。

双方が元の慣用句を知っていることを前提に、わざと逆にして使う場合がある。次の会話のように、冗談として使われるのが一般的だ。

「彼と付き合ってるんですってね。彼は頭もいいし、顔もいいし、天は二物を与えたんですね」

「噂は全くでたらめです。火のない所に煙が立つこともあるんです」

「そうかしら。根も葉もあるんじゃないですか」

しかし、肯定形にすると反対の意味にならずに別の慣用句になるものもある。これでは冗談にならない。「(忙しくてそのことにまで)手が回らない」と「(警察の)手が回る」、「(金額が)馬鹿にならない」と「(ネジが)馬鹿になる」などがそうだ。後者は「馬鹿」の部分のアクセントも違う。

また、慣用句としての肯定形が存在しないものもある。私の考えでは、「腑に落ちない」を含め、この項の冒頭に挙げたものはすべてその類だ。ほかにも、「年は争えない」「とりつく島もない」「何くわぬ顔」「歯が立たない」「鼻持ちならない」「腹の虫が治まらない」「筆舌に尽くしがたい」「非のうちどころがない」「まんじりともしない」など、多数ある。

ちなみに「まんじり」を辞書で引くと、「(多く、打消の語を伴う)ちょっと眠るさま。まどろむさま」（『広辞苑』第五版、岩波書店、一九九八年）とある。「必ず打ち消しの言葉がくる」とは記されていない。そのせいか、外国人の学生が次のような文を書いてくる。

「昨夜はレポートを書いていて三時間しか寝ていないので、今日は授業中にまんじりとしてしまった」

「腑に落ちない」に戻ろう。腑とは胃腸などのことだが、転じて腹のなか、心のなかを意味し、したがって「腑に落ちない」は、納得できない、合点がいかないということになる。ただしこれらと比べた場合、「どちらかというと感覚的に認めがたいというニュアンスを含むことが多い」（『福武国語辞典』「不信」の項）。『小学館プログレッシブ和英中辞典』（第三版）は日本語の「腑に落ちない」に当たる言葉として、incomprehensible（理解できない）、unconvincing（納得できない）を用例のなかで使用している。

私たちの食べた物は、よほどのことがないかぎり胃腸に収まるようにできている。つまり、「腑に落ちる」のが自然の姿だ。ところが、何らかの原因で——あわてて食べたピーナッツが気管に入ってしまうことがあるように——食物が収まるべき所に収まらないと、気持ちが悪くなる。すっきりしない。「腑に落ちない」。

つまり、「腑に落ちる」のが自然のなりゆき、大前提であるのに対し、「腑に落ちない」というのは特殊なケースなのだ。一方、「納得できる」「合点がいく」「理解できる」「感覚的に認められる」などは、それぞれの否定形とこのような対立関係にない。人の話なり考えなりを聞いて「納得する」ことは自然のなりゆきではなく、「納得しない」ことが特別なできごとでもない。納得できる場合もあればできない場合もある。可能性としては半々だ。

「ああ、そうだったのか。わかった」と「納得する」のは、のみこめなかったものをのみこもうとして行きついた喜ばしい結果であり、当然の帰結である「腑に落ちる」ことではない。「納得する」と「腑に落ちる」は、したがって、等価ではない。

このように考えることによって、私が「腑に落ちる」になじめない理由が解明された。少なくとも、自分自身に対しては説明がついた。そして、この慣用句の肯定形を今後も使わないでいこうと改めて心に誓った次第である。

理解語彙と使用語彙

近現代の人気作家が使用しているからといって、また、一般に普及し始めたからといって、個人の語感が変わるわけではない。ある言葉が市民権を得たということと、それを自分のボキャブラリーに加えるということは別の問題だ。文法的に正しいか正しくないかということも無視できないが、それ以上に、自分の語感に合うかどうかが大事である。その意味で、「食べれる」「見れる」などのいわゆる「ら抜き言葉」や「腑に落ちる」という表現などは、私にとって理解語彙ではあっても使用語彙ではない。

ちなみに、「理解語彙ではあっても使用語彙ではない」という表現は一般的に、言語習得の過程で見られる現象を説明するときに用いられる。もちろん、成人の母語話者でもよくあることだ。仮に、「懇意にしている」という言葉は知っていても、実際に使うのは「親しくしている」のほうだと言う人がいるとする。その人にとって、「懇意にしている」は理解語彙の範疇ではあるけれども使用語彙ではなく、「親しくしている」が使用語彙だ。

この「親しい」に対する「懇意」のように、理解語彙は、より難易度が高くより使用頻度の低い言葉であることがほとんどだ。外国語の学習を始めてまもないころは、当然理解語彙も少なく、使用語彙となるとさらに少ない。だが、外国語をマスターするためには、一方で理解できる言葉を増やしつつ、他方で使える言葉の数をわかる言葉の数に近づける努力をしなければならない。

学習が進むと、使用語彙を意識的にコントロールすることも必要になってくる。習った言葉をすぐに使ってみたいという初期の段階を過ぎると、場面や相手によって使い分ける、あるいは使わない、ということを知るようになる。正しいかどうか自信がないから、間違えて使って笑われたくないから、という意思が働いて使用を避けるのと異なり、いわば選択的、積極的不使用である。言語を身につけるとはそういうことだ。

母語の習得でも同様だ。汚い言葉や人をののしる言葉は使わない、あるいは時と場所を選んで使う、ということぐらい小学生でも知っている。義務教育を終えた日本語の使い手ならなおさら、自分の使う言葉を意識的に選ぶことができるはずだ。

語彙の習得という点で言えば、外国人学習者であろうと母語話者であろうと、根本は同じだ。理解語彙を増やす努力を続けながら、使用語彙を自らの責任で管理する。語彙を増やすこととコントロールすることは矛盾しない。それどころか、両者が互いに作用して、効果的に働く。理解語彙を増やすことにより語感が磨かれ、語感が磨かれると言葉の取捨選択が適切に行えるようになるのである。

第三章　当世敬意表現

敬意の向かう先

次のアナウンスは、近所のスーパーマーケットで流れているものである。かっこのなかにどんな言葉が入るか想像してほしい。

「本日はご来店いただきまして、まことにありがとうございます。（　①　）のお呼び出しをいたします。（　②　）の田中さん、いらっしゃいましたら、サービスカウンターまでお越しくださいませ」

ヒントは、「田中さん」の「さん」だ。「様」ではない。もっとも、実際にこの店内放送を聞く以前の私であったら、たとえこのヒントがあっても正しい答えを出すことはできなかっただろう。正解は、①が従業員、②が青果担当、惣菜部門、もしくは販売部といった部署名である。

「ご来店いただきまして、まことにありがとうございます」のあとに、一秒ほどの間があく。この間私は、「お客様のお呼び出しを申し上げます」と続くのであろうと、無意識のうちに予想していた。ほかの人の話にせよ、ラジオのニュースにせよ、電車内のアナウンスにせよ、だれでも次の展開を予測しながら聞いている。そして、予測の的中を確信しているとき、心は安らいでいる。先が読めないと、不安を覚えるものだ。

アナウンスは、まず「お客様」に来店のお礼を述べている。したがって私は、その次にくるものが当然、「本町の鈴木様」とか「栄町の中村様」とかに向けた「お客様のお呼び出し」であると信じて疑わなかった。ところが聞こえてきたのは従業員への呼び出しで、さらに、田中という従業員、つまり身内に対して「いらっしゃいましたら」「お越しくださいませ」と尊敬語が二箇所も用いられていたのである。

このスーパーでも少し前までは、内部の人間を呼び出す放送はもっとあっさりしていて事務的なものだった。

「業務連絡ぅ、業務連絡ぅ、青果担当の田中さん、サービスカウンターまでお願いします」

放送は、けたたましく始まって、けたたましく終わった。ゆったりと間をとって、声のトーンも柔らかい、買い物客のためのアナウンスとは全く別物だった。その慌ただしさと騒々しさは、同時に仕事現場の活気をも伝えた。だから、ぞんざいとも言える放送がやかましく店内に鳴り響いても、客はさほど不快感を覚えなかった。

それが、最近になって前述のような丁寧なアナウンスに変わった。それまでの「業務連絡」

のけたたましさとぞんざいさが、店内で商品を物色中の一般の「お客様」には耳障りであろうと、だれかが判断したのだろう。丁寧さの向かう先は、したがって、青果担当の従業員ではなくて、買い物客なのである。しかし、身内に対する敬語を聞かされることに抵抗感のある客もいるということは、あまり考えていないようだ。

身内への尊敬語

音楽家親子がラジオに出演し、父親の作った曲を、息子がアレンジし、オーケストラの指揮をして録音したＣＤの紹介をしている。「この曲もご子息の編曲ですか」という司会者の問いに、息子が次のように答える。

「これは、ご自身のアレンジなんです。おかきになったそのままを」

実の父親のことを話題にして、「ご自身」「おかきになった」と尊敬語を使っている。茶化して言っているのではない。大まじめなのだ。

皇族や旧華族はこのような話し方をするかもしれないが、現在の日本語の共通語では、この場面で尊敬語は使わない。「絶対敬語」を採用する韓国語のように、父親にかかってきた電話に、「ただいま、お父様はいらっしゃいません」と尊敬語を用いて答えるのとは異なる。絶対敬語とは、相手や場面に関係なくつねに一定の敬語を用いることだが、古い時代はともかく、現代日本語の共通語においては、敬語は絶対的つまり固定的ではなく、場面や聞き手によって使い分けることになっている。

この息子も、電話のような一対一のコミュニケーションであれば、「父は出かけております」と謙譲語を使って受け答えするに違いない。敬語表現に混乱をきたしたのは、スタジオにいる父親ならびに番組進行者、それに放送を聴いている数多くの人々の存在を意識したからであろう。息子の心中を推し量ってみよう。目の前には自分よりずっと有名な父親がいる。聴いている人たちに対しても失礼のない言葉づかいをしなければならない。「父自身のアレンジ」「父が自分でアレンジした」「かいた」などと言ってしまっては、「高名な作曲家である父君への敬意に欠ける」と聴取者から非難されるかもしれない。僕もお父さんを尊敬しているし、ここは敬語を使おう。「ご自身」「おかきになった」と言えば、聴いている人たちの耳にも心地よいはずだ。

これも、先のスーパーマーケットの店内放送と同様、丁寧に言いたいがために「正しい敬語の使い方」から外れた例だ。ほかの例を挙げよう。若い男性タレントが話している。

「このお話が来たとき、マネージャーのかたが『絶対やるべきだ』っておっしゃったんです」

一瞬、だれのマネージャーの話をしているのかわからなかった。尊敬語を使っているということは、ほかのタレントを担当するベテラン・マネージャーのことでも話題にしているのかと思った。実際には、タレント本人のマネージャーのことを言っているのだった。年齢も上の、経験豊富な敏腕家なのだろうが、タレントにとってマネージャーはあくまでも身内の人間である。従来の敬語のきまりでは、このようなときには謙譲語を使うことになっていた。

「このお話をいただいたとき、マネージャーが『絶対やるべきだ』と申したんです」

この言い方で聞き手への敬意を表すことができる。謙譲語を知らない、あるいは使いたくない場合は、シンプルな丁寧語にすればいい。

「この（お）話が来たとき、マネージャーが『絶対やるべきだ』って言ったんです」

身内であるマネージャーに対する尊敬語を聞かされるより、このほうが耳に心地よい。「お話」「マネージャーのかた」「おっしゃる」を使って丁寧に話そうとしているのは理解できる。しかし、彼は使い方を少し間違えてしまった。

使い方を間違えたのは事実だが、この種の間違いのほうが広く一般に使われるようになることはよくある。敬語に関しても、スーパーマーケットの店内放送、音楽家親子（の息子のほう）、そしてこの男性タレントは、いまや特殊なケースではない。

身内への謙譲語

これまでのものは身内に対して尊敬語を使っている例だったが、謙譲語も使われる。身内の言動を述べるのに使う従来の謙譲語（「母がよろしくと申しておりました」）ではなく、身内のことを話題にした際に、自分自身のことを述べるのに謙譲語を使うのだ。

①「（高級ブランドのバッグを）主人に買っていただきました」

②「（妻への感謝の気持ちを）口に出して言わなくても、（妻には）十分理解していただいていると思います」

③「息子夫婦は、電話をしても出ないし、マンションにうかがってベルを鳴らしてもドアを開けてくれないんです」

④「このニュースについてA記者にお話をうかがいます」

⑤「(私の弟である)スポーツライターのBさんに今年の大リーグを総括していただきます」

いずれも、インタビュアー、視聴者、聴取者を意識して丁寧に言おうとするあまり、このような言葉づかいになっている。その結果、夫、妻、息子夫婦、職種は違えど同じ会社内で働く同僚、実の弟など、自分の側に属する人間を敬う表現を使うという、従来の規範から外れたものとなった。

①の例の女性がもし友人に話しているのであれば、「夫(またはダンナ、主人、パパ、お父さん)に買ってもらったの」と言うはずだ。あるいは照れ隠しに、「亭主が買ってきちゃったのよ」と言うかもしれない。

だが、いまはテレビのインタビューを受けているのだ。ここは丁寧に言わなければならない。「亭主」より「夫」、いや、伝統的な「主人」のほうが無難だ。家庭での力関係は明らかに私のほうが上だが、テレビに出るのだから謙虚にいこう。「主人が買いました」では、夫が勝手に買った物で私には関係ないと言っているみたいだから、「主人が買ってくれました」か「主人に買ってもらいました」にすべきだろう。「くれる」より「くださる」、「もらう」より「いただく」のほうが丁寧だ。でも、「主人が買ってくださいました」は、夫に対して尊敬語を使っているから、何となく変だ。「いただく」は上品に言うときによく使われる。料理研究家が、「玄米は前の晩にといでいただいて、お塩をひとつまみ入れていただいて、圧力釜で炊いていただきますと、おいしくいただけます」とか言っているではないか。「主人に買っていただきました」と言えばとても丁寧で、しかもプレゼントしてくれた夫に感謝するしとやかな妻といった印象も与える。

女性がここまで考えたかどうかわからないが、この言い方を採用するまでには、短い時間にせよ、何らかの思考がなされたはずだ。この想像どおりではないにしても、大きくかけ離れているとも思えない。

②の話者は妻に、⑤の話者は実弟に対して、同じように「いただく」を使っている。「いただく」はもはや謙譲語とは見なされず、「もらう」の丁寧語になっている。

③と④には、「うかがう」が出てくる。「聞く」「尋ねる」「行く」「訪れる」の謙譲語ではなく、それらの動詞の丁寧な言い方といった認識だ。話し手は、息子夫婦や同僚の記者に、特に敬意を表しているわけではない。聞き手、聴衆の手前、このような形になったのだ。

「主人に買っていただきました」と言った女性は、あくまでも想像だが、夫への尊敬語を避けて謙譲語のほうを選んだ。しかし、先の音楽家の息子は父親のことを話すのに尊敬語を使っていた。肉親に言及して、「ご自身のアレンジ」「おかきになった」のように尊敬語を用いるケースはまだ少ないが、身内である同じ会社の人間を話題にして尊敬語を使用することには抵抗が見られなくなったようだ。次の例は、若手お笑いコンビの一人が言っていたものだが、所属する事務所の人間に言及して、その人物に対する尊敬語と謙譲語の両方を使っている。

「僕たちのコントをいまの事務所のかたがたまたま見に来られて、それで、声をかけていただいたんです」

「見に来られて」は尊敬、「かけていただいた」は謙譲の表現だ。素人の二人組に目をとめてスカウトしてくれたプロダクションの上司への感謝と敬意を表さずにはいられない話し手の胸の内はわからなくもないが、身内に敬語を使っていることに変わりはなく、敬語の従来の用法からは逸脱している。

では、尊敬語も謙譲語も使わずに言い換えるとどうなるだろうか。

「僕たちのコントをいまの事務所の人がたまたま見に来て、それで、声をかけてもらったんです」

さらにいえば、「それで」以降も「事務所の人」を主語にしたほうが座りがよい。

「僕たちのコントをいまの事務所の人がたまたま見に来て、それで、声をかけてくれたんです」

これで十分丁寧であるが、これでは物足りないという人たちが日本語の過剰な丁寧語化を進めることになる。ほかの例を見てみよう。

ペットや私は「亡くなる」のか「死ぬ」のか

「亡くなる」を辞書で調べると、「死ぬ。婉曲表現から出た丁寧語形」(『集英社国語辞典』第二版、集英社、二〇〇〇年)とある。とすると、最近耳にする次のような言い方も「正しい」のだろうか。

「私が仮に病気か何かで亡くなった場合」
「かわいがっていた猫が交通事故で亡くなった」

自分自身やペットの死を「死ぬ」ではなく、「亡くなる」と表現しているのだ。

『外国人のための基本語用例辞典』（第三版、文化庁、一九九〇年）は、「亡くなる」を「死ぬ」と定義したのち、例文を二つ載せている。


「母は私が三歳のとき亡くなりました」

「父が戦争で亡くなってからもう十年になります」

『福武国語辞典』では、「『死ぬ』の婉曲表現。『老師が――』」となっている。外国人学習者がこの例を見たら、目上の人の死を話題にするときに使えると理解するだろう。

外国人向けの日本語教科書『日本語コース初級』（前掲書）には、「死ぬ」の例として、「うちのねこがしんで、かなしいです」が出ており、「亡くなる」の例は、「かれは一九一四ねんにうまれ、一九八四ねんにこきょうでなくなった」。さらに、「お亡くなりになる」には、「おじいさまはいつおなくなりになりましたか」という例を提示している。

学習者は、動物に用いる「死ぬ」、客観的叙述における婉曲表現としての「亡くなる」、そして、尊敬語の「お亡くなりになる」を使い分けることを知る。また、辞書の用例と合わせて、「亡くなる」が身内のことを言う際の丁寧語として機能することを理解する。そこで学習者は考える。身内の死に使えるのなら、これは謙譲語のようなものだ。「それなら、『私が亡くなる』と言ってもいいですか。たとえば、おばあさんが孫に向かって言う、『私が亡くなったら、この部屋はおまえのものだよ』、これは大丈夫ですか。『私はまだやりたいことがたくさんあるから、亡くなりたくないです』、これはどうですか」

数年前にこの質問を実際に受けたとき、私は即座に、それは言えない、「死ぬ」を使わなければならない、と答えた。質問をした学生はいまごろ、日本語教員は規範にばかり忠実で生きた日本語を知らないか、知っていても認めようとせずに、教えたがらない、と思っていることだろう。教室の外の日本語母語話者は、動物にも自分自身にも「亡くなる」を使っているのだから。

これも、日本語の丁寧語化の一例だろう。「死ぬ」という直接的、つまり露骨な表現を避けて、婉曲表現すなわち丁寧な「亡くなる」を使う。あるいは、「敬意低減」現象の一種と見ることも可能だろうか。「敬意低減の法則」というものがあり、「ことばの丁寧さの度合が、使われているうちに以前より下がり、乱暴に感じられる傾向をいう」(井上史雄著『敬語はこわくない』講談社現代新書、一九九九年、六二ページ)。「死ぬ」は、「くたばる」よりはずっと丁寧だが、従来有していた丁寧さの度合いがだんだん下がってきて、何となく乱暴に感じられるようになった……とも考えられる。

「敬意低減」の典型的な例は、「きさま(貴様)」「おまえ(御前)」「あなた(貴方)」である。

たとえば「貴様」は、『広辞苑』（第五版）によると、「近世中期までは目上の相手に対する敬称。以後は同輩または同輩以下に対して男子が用い、また相手をののしっていう語ともなる」。軍歌にも歌われ（「貴様と俺とは同期の桜……」）、太平洋戦争当時は同輩に対して使われていたことがわかるが、現在は相手をののしるときにのみ使用される語だ。敬称としての「貴様」の価値は下落し、「他人の殿舎の尊敬語」（『広辞苑』第五版）であった「貴殿」が、二一世紀になってもなお相手への敬称として書面で用いられているのとは対照的な運命をたどっている。

「お尻が隠れてくださらない」

太り過ぎに悩む主婦が、テレビ局に取材されて次のように言っている。

「（男物の4LのTシャツでないと）お尻が隠れてくださらないんです」

主婦は大きなお尻に敬意を表しているわけでも、お尻まですっぽりと覆って「くれて」体型をカバーして「くれる」特大Tシャツを敬っているわけでもない。

「お尻が隠れないんです」だけでは単に事実を述べたことにしかならない、と主婦は考えたのだろう。お尻が隠れることで肥満が目立たなくなるという恩恵をこうむっていることを表すには、「〜てくれる」としなければならないが、「くれる」では丁寧度が低いから、「くださる」になる。尊敬語の丁寧語化である。

老後をオーストラリアで過ごしたいという五〇歳代の夫婦が現地へ下見に行き、分譲住宅を見て回った際に、マイクを向けられた妻が言う。

「お年を召してきますと、日当たりのいい、あったかいとこのほうがいいですね」

「お年を召す」と尊敬語が使われているため、住宅斡旋業者のせりふかと思った。あるいは、斡旋業者でも購入予定者でもない第三者が、一般論として述べているかのようだ。

当事者であれば、「年をとってきますと」「高齢になりますと」で十分である。「きます」「なります」を使わずに、「年をとってくると」「高齢になると」でもかまわない。このほうがむしろ、すぐあとの「あったかいとこ」というくだけた言い方との統一がとれる。動詞をやめて、「高齢者には」「老夫婦には」「年寄りには」でもよい。

しかしこの妻は、「お年を召す」と「きます」という、尊敬語と丁寧語の組み合わせを選択した。定年後を見越して住宅を購入しておこうかと考えている夫婦であるから、現時点では高齢者ではない。純粋に自らの老後について語るのではなく、「高齢者は一般に」という意味も込めたいと思ったのだろう。それに加えて、インタビュアーや、カメラの向こうにいるテレビの視聴者の存在を意識し、丁寧に言うべきだと判断した結果、尊敬語の採用となったのだろう。相手や話題の人物を敬って言うときに用いる尊敬語が、丁寧語化の波に乗って、ついに自分自身や物に対しても使われるようになった。ここまでくると、日本語が滑稽な様相を呈してきたと言わざるをえない。だれもかれもが、丁寧な表現を使わなければならないという一種の強迫観念にとりつかれているかのようだ。

話の展開が予測できない

「あそこにいる人はだれですか」を敬語表現にすると、「あちらにいらっしゃるかたはどなたですか」となる。つまり、「かた」は「人」の敬語であるわけだが、現在では尊敬を込めた言い方をする必要のないときにまで、「かた」が使われるようになっている。

「犯人のかたは四〇代半ばの男性だということです」

テレビ局の報道記者による事件現場からのリポートだ。「かた」を敬語と認識している私には、「犯人は四〇代半ばの男だということです」、または「犯人は中年の男だということです」

としか表現できないところを、記者は「犯人のかた」と言っている。
万引きの多発に憤るスーパーマーケットの店長が、強い口調で言う。

「とるかたには来てほしくないです」

声の調子に反して、言葉は丁寧だ。「かた」の敬語としての価値が下がったとも言えるが、親しい相手にぼやくときに「とるかたが多くて頭にくるよ」とは言わないだろう。
次の例は、ある事件の容疑者のことを話題にしている。

「このかたは別の事件で懲役一〇年が確定していたんですが」

私の感覚では、犯人や容疑者を話題にした際には「かた」は言うにおよばず、「男性」や「女性」も使いにくい。「男」「女」ではいけないのか。このことを日本人の学生たちに話したところ、すぐに反論がきた。
「『犯人のかた』を使ってはいけないなんて、犯罪者の人権を無視している」
むろん、たとえ犯罪者であっても人権は守られねばならない。無神経な言葉の使用が人権侵害につながるのも事実だ。差別表現はその例だろう。だが、そのことと「犯人のかた」は別の問題だ。話者は犯人の人権を尊重して「かた」という敬語を使っているわけではない。これまでに出てきたすべての例と同様、聞いている人々のことを意識して、丁寧な言い方をしようとしているだけである。丁寧に「かた」を使っておけばだれからも文句は言われまいと高を括《くく》っているのかもしれない。

この傾向が今後も続けば、たとえばコンビニエンスストアの従業員が次のように話したとしても、抵抗なく受け入れられるようになるのだろうか。

「午前二時ごろ、五〇歳前後の男のかたがお一人でお店に入っていらっしゃいました。そのお客様が缶コーヒーをお求めになりましたので、ケースから取り出そうといたしました。そのとき、そのかたが突然ナイフを取り出されまして、『金を出せ』とおっしゃったのです」

ここで問題なのは、「そのとき、そのかたが突然」のあとの話の展開が全く予測できないことである。推測をしても当たらない可能性が高い。「大声でお笑いになりました」とか「心臓を押さえて苦しそうになさったのです」とかいった予測は、見事に外れるのだ。

日本語教育の専門家である水谷修・名古屋外国語大学学長が、「用語から予測できる話の先行き」として、途中で切ったニュースの続きを日本人グループと外国人グループに予測させた実験について記している（宮地裕・水谷修編著『日本語』放送大学教育振興会、一九八八年、七三〜七四ページ）。

「きのうの午後六時三十分ごろ、東京豊島区池袋の路上で、中年の男が」というところまで聞かせたとき、「日本人グループは全員がクスクスと笑った」が、外国人たちにはその理由が「理解できなかった」。外国人にとって、「中年の男」という表現は単に年代と性別を規定しているにすぎず、「四十五、六歳の男性」と言った場合とのニュアンスの違いを認識していなかったという。

「『四十五、六歳の男性』では、被害を与えることも、被害を受けることもどちらもありうるが、『中年の男』では、必ず悪いことをすると言ってよい。単語の意味がどれだけ深く把握できているかということが、話の先行きをどれだけ、多く予測できるかという能力の基になっていると言える」と水谷は述べる。

つまり、「中年の男が何者かに襲われて大怪我をしました」とはならないということだ。日本人グループの感覚では、「中年の男」はろくなことをしないということになる。「中年の男」はつねに襲う側なのだ。ところが、丁寧語化の影響で「中年の男」が使われなくなって「四十五、六歳の男性」ということになると、話の展開を予測することが困難になる。先の「コンビニ強盗」もその例だ。これは、いまは冗談にしか聞こえないかもしれないが、このまま丁寧語化が進むと、冗談でなくなる日がくるだろう。

私は、日本語の語彙が少なくなることと、それにより話の展開が予測できなくなることは、日本語および日本語のコミュニケーションにとって大きな損失であると考える。

丁寧語化が招く混乱

「犯人のかた」以外にも、従来使われなかったところで「かた」が現れる例は多い。ラジオのニュースバラエティーショーのキャスターが言う。

「勉強の好き嫌いや勉強時間などに関して、小学校四年生から高校三年生までを調査した結果が新聞に出てるんですが、平日休日とも勉強時間が減っているということです。九五年の調査では、平日一時間から二時間未満というかたが三二パーセントいらっしゃるんですが」

「かた」「いらっしゃる」という敬語が使われているのは、小中高の児童・生徒に対してである。「子ども」(または「児童」「生徒」)「いる」ではリスナーに失礼だと思ったのだろうか。別の人は、自分の友人のことを丁寧語と尊敬語を用いて話している。

「私のお友だちに小学校の先生をしているかたがいらっしゃるんですけど、そのかたは」

友人に対する尊敬語は、むしろ敬語のもう一つの働きである親疎の疎のほうを感じさせる。過剰な敬語は慇懃《いんぎん》無礼に通じる。こんなに距離のある話し方をして、本当に友だちと言えるのだろうか、という疑念を起こさせるのだ。親しい友人なら、他人ではあっても内輪の人間と見なされ、したがって尊敬語は使わないことになっていた。「お友だち」の概念が変わってきているのだろうか。「お友だち」のなかには、単なる顔見知りも含まれるのだろうか。親友、友人、友だち、お友だち、知り合い、知人、知っている人、顔見知りといった語の現在の意味を調べ直す必要がありそうだ。

次の二例は、自分を含む集団の構成員をどう表現するかという問題を提起する。

「長崎には華僑のかたが大勢住んでいらっしゃいまして、実は私もその一人なんですが」

「人に何か言われるとすぐ落ち込んじゃうんです。でも、私《わたくし》のようなかたって、結構いらっしゃいますよね」

「長崎」の例は、この章冒頭のスーパーマーケットの店内放送と同様に、次の展開の予測が裏切られたものの一つだ。「華僑のかたが大勢住んでいらっしゃる」という尊敬の表現と、その話者が中国系であるということがとっさには結びつかなかった。

尊敬語を使わない場合は次のようになる。

「長崎には華僑が大勢住んでいて、実は私もその一人なんですが」

前半部分をより丁寧に言うこともできる。

「長崎には華僑が大勢住んでいまして、実は私もその一人なんですが」

従来の敬語の用法では、このような場合は謙譲語を用いた。

「長崎には華僑が大勢住んでおりまして、実は私もその一人なんですが」

自分の属する集団は身内と見なされ、「長崎には家族が住んでおりまして、年に一度は帰るんです」と同じように言った。「長崎には家族が住んでいらっしゃいまして、年に一度は帰るんです」と言う人はいない。「家族が住んでおります」と言えば「私の家族」のこと、「ご家族が住んでいらっしゃいます」と言えば、たとえば「鈴木さんの家族」のことになる。わざわざ「私の」や「鈴木さんの」をつける必要がなかったのが、日本語の敬語の利点だった。

ところが親戚となると、最近では、「長崎には親戚が住んでおりまして」だけでなく、「長崎には親戚のかたが住んでいらっしゃいまして」も使われる。親類とは疎遠になっているから親しみが感じられないという意思表示（親疎の疎）ではなく、丁寧語化現象の一つだ。この流れからいけば、自らもその一員である、より大規模な集団の「長崎の華僑」に尊敬語を使うのはしかたがないのだろうか。ついでに言えば、どうせ尊敬語を使うのなら、「仮住まい、出稼ぎ人」というマイナスイメージを持つ「僑」の使用を避けて、「華人」としたほうがよいかもしれない。

二例目（「私《わたくし》のようなかたって、結構いらっしゃいますよね」）で問題となるのは、自分と同類の者がいることを言いたいときにどのように表現するか、ということだ。この話者は「私《わたくし》」と言っているが、一人称によってあとの言葉が変わってくる可能性がある。日本語の数多くの自称のうち、三つだけ例にとってみる。

「俺みたいな奴って、いるよね」

「僕みたいなのって、いるよね」

「私みたいな人間って、いますよね」


一人称だけでなく、「人」を表す言葉も少なくない。「奴」「の」「人間」以外にも、「者」「人物」などがあり、尊敬語はもちろん「かた」である。「人々」と複数になっても、「奴ら」「者ども」「人間たち」「かたがた」など、いろいろある。「輩《やから》」「連中」を加えることもできる。

しかし、ここで問題にしているのは、これらが自称と結びついたときにどうなるかということである。尊大に構えて、もしくは冗談で、「俺様のような人物」とは言える。「俺みたいなの」「俺みたいな人間」も大丈夫だ。「俺みたいな人」はどうだろう。「俺みたいなかた」「俺のようなかた」となると、「俺」と「かた」の釣り合いがとれないという理由で却下されるだろう。では、「私《わたくし》のようなかた」ならいいのだろうか。いいか悪いか、正しいか間違っているか、耳に心地よいか耳障りかはともかくとして、日本語コミュニケーションの現状を観察するかぎり、認知されつつあるようだ。

「俺」が「私《わたくし》」へと昇格すれば、「奴」「者」「人」などを経て「かた」にいきつくことになる。しかも、自分と同類の人間はすでに自分ではないのだから、ほかの人に対して「かた」「いらっしゃる」のような尊敬語を使うことにためらいはない。さらに、三番目の当事者である聞き手の存在を意識して丁寧に話す。かくして、「私《わたくし》のようなかたって、いらっしゃいますよね」が生まれる。

ところで、この無邪気な丁寧語化の結果の「かた」、もしくは無自覚に使用される「かた」に潜む差別意識への警鐘もある。障害者や高齢者のことを話題にするときにつける「かた」について、全国の広報紙の用字・用語を検討した佐竹秀雄・武庫川女子大学教授が、社団法人日本広報協会のウェブサイト上で述べている。広報紙の文面において、一般の人に言及するときは「周りの人」「若い人」のように「人」を使う一方で、「心身に障害を持つ方がいます」「寝たきりのかた」「65歳以上のかた」という表記例が見られたという。「弱者に対しては『かた』を使う。差別意識が裏返しになって表れているように思われる」と佐竹は指摘する（http://www.koho.or.jp/contents/note/ronbun/08.htm）。

確かに、「高齢者のかた」「障害者のかた」「パラリンピックに出場する選手のかた」「ホームレスのかた」というのを耳にする。すでに「人」を表す「者」や「手」がついている言葉にも、ご丁寧に「かた」を添える。それに対し、「国会議員のかた」「青年実業家のかた」「経営者のかた」とはあまり言わない。「員」「家」「者」がすでについているからというより、権力を持つ者には、敬語の「かた」をつけない。これらの人々にはわざわざ敬語の「かた」をつけなくても、彼らが「尊敬に足る」仕事についていることは自明であると言わんばかりだ。「弱い立場の者への同情」を示そうと敬語の「かた」を用いるのは、差別意識を隠蔽するための姑息《こそく》な手段のようにも見える。

誤解を生む「さん」

日本語を勉強している外国人学習者に関するエピソードは数あるが、次に紹介するのはチョウさんという学生の経験談だ。チョウさんがアパートの部屋にいると、ピンポーンとチャイムが鳴った。ドアを開けると男性が立っていて、チョウさんにたずねた。

「あのう、お宅様は朝日さんですか」
「いいえ、違いますけど」
「じゃあ、読売さんですか」
「いいえ、チョウです」

来日してまもないとはいえ、日本語の初級レベルは国ですでに終えてきていた。朝日新聞も読売新聞も、もちろん毎日新聞も、その存在は知っていた。それにもかかわらず、チョウさんには新聞拡張員の質問が正しく理解できなかったのである。

日本で日本語を不自由なく使って生活している者であれば誤解のしようのない質問だが、これを理解するには、文型・文法（〜は〜です）、語彙（お宅、様、さん）、日本事情（新聞名、購読のシステム）の知識が必要だ。しかも、一つひとつがそう単純ではない。

「お宅が購読している新聞は朝日新聞ですか」と聞かれれば、チョウさんはおそらく正しく答えられただろう。だが、このような言い方が出てくるのは教科書のなかの例文だけである。「お宅は朝日新聞ですか」でも、たぶん理解できただろう。チョウさんは、「朝日さん」の「さん」にひっかかってしまったのだ。

この「さん」は業界用語、というより業界人用語で、以前は同業者間でのみ使われていた。銀行員同士が、互いの銀行のことを「東京三菱さん」「みずほさん」と呼び、政党に属する政治家同士が、「自民党さん」「公明党さん」と言い合い、百貨店の従業員同士が、「西武さん」「東武さん」と呼び合う。次第に、この言い方が一般人相手にも使われるようになった。チョウさんが誤解したのがそれである。自動車のセールスマンが、「トヨタさんでも出してますけど、ウチのほうは」と、試乗に来た客に説明する。そして、日本語の丁寧語化が進んだ現在、一般人もまねて企業名などに「さん」をつけることも珍しくなくなった。年下の知り合いから次のように聞かれたことがある。

「野口さんもＡＢＣツーリストさんでチケットを買われたんですか」

欠陥工事をした建築業者に対する怒りを、テレビカメラの前であらわにする主婦の言葉は以下のとおりだ。

「こんなふうにした業者さんに、ものすごく腹が立ちますね」

ラジオの身の上相談で、相談者が言う。

「妻が私に内緒でいろいろなところからお金を借りていることがわかったんです。消費者金融さんや私の兄弟から」

ラジオ番組に電話で参加する聴取者の言葉。

「私、ラジオはＴＢＳさんしか聴かないんですよ、ほんとに。ま、ときどき文化放送さんも聴いちゃいますけど」

丁寧に言おうとしてこうなったのだろうが、素人が玄人に憧れて口調だけをまねているようで、痛々しい。大学生が書くものにも、「さん」がつく。

「テレビで、ＳＭＡＰの木村拓哉さんがおっしゃっていた」

有名人は呼び捨てにするのではなかったか。大学生のレポートであれば、「ＳＭＡＰの木村拓哉がテレビで言うには」などと、一切の敬語を排して書くのではなかったか。読み手である教員を意識して、丁寧な言葉づかいをしたいと思ったのだろうか。呼び捨てはタレントに失礼だと思って、丁寧に書くのだろうか。だが、タレントにとっては、敬称なしに語られることがステータスシンボルでもある。著名であるという証《あかし》なのだ。

再びラジオからの例だ。

「二宮さんというかたは、村おこしで、あっちこっち歩いていらっしゃるんですよね」

どこの二宮さんの話かと思ったら、二宮尊徳のことだった。「森鷗外さんがお書きになった」

「徳川家康さんが江戸に幕府を開かれてから四〇〇年たちました」というのも聞く。「さん」づけするのは知り合いか業界関係者だったが、いまはそうではなくなってしまった。

東京に定着した尊敬の「れる・られる」

尊敬の「れる・られる」は、西日本から比較的最近東京にやってきたという。確かに、現在東京とその近辺で注意して聞いてみると、この西日本型のほうが多くなっている。特に、若い人——のうち、尊敬語を使う人——は、ほとんど「れる・られる」派だ。理由の一つは、活用が受身形と同じで作り方が簡単だからである。「聞く」の尊敬の形を作るのに、「お聞きになる」とするより「聞かれる」と言うほうが楽だ。「見る」の場合は「お見になる」とはならず、全く別の語を持ってきて「ごらんになる」としなければならない。「見られる」なら簡単だ。

次の例は、アナウンサー、ジャーナリスト、衆議院議員、それに新聞の投書欄に載った読者の言葉だ。いずれも尊敬の「れる・られる」が使われている。「する」の尊敬語として「される」を使っているのが最初の三例である。「なさる」という敬語動詞があるが、最近は「される」のほうが好まれている。

「のちほどたっぷりお届けしますので、お楽しみにされてください」

「田中眞紀子さん、成長されてください」
「死亡されたとされるかたがたについても、早急に再調査をして」
「小泉首相はアメリカにいかれてるわけですから」
「野坂さんは選挙に出て落ちられた」

三番目の「死亡されたとされるかたがた」には二つの「される」が出てくるが、一つ目が尊敬で、二つ目は受身だ。後者は、見なされる、考えられる、という意味である。「死亡したとされる人々」では死者への敬意が感じられない、丁寧度が足りないという判断から、「されたとされる」になったのだろう。しかし、このような使い方をされると（ちなみに、この「される」は受身）、まぎらわしいし、聞き苦しい。

四番目の「小泉首相はアメリカにいかれてる」は、もっとまぎらわしい。前後関係から、「行く」の尊敬語として「行かれる」を使用していることはわかる。「首相はアメリカに行っている」、すなわち、目下訪米中である、もしくは、訪米経験があるということだ。しかし、この部分だけを聞いた人には、「いかれる」のほかの意味ととられかねない。たとえば、「頭がどうかなる。あるものに心を奪われる」（『広辞苑』第五版）。

このまぎらわしい「される」が、実際に相手に誤解を与えることもある。ラジオ番組の司会者が、米国在住の日本人と電話で話している。アメリカのある有名な音楽雑誌では、ＣＤの人気順位を決めるのに、従来の売り上げ枚数ではなくラジオでかかった回数を基準にするようになったという。その話を受けて、司会者がたずねた。

「アメリカでは、ラジオはよく聴かれてるんですか」

この会話がなされているのがラジオ番組の最中であることからも、また、話の前後関係からも、「アメリカでは、人々はラジオをよく聴いているのか」という質問だとわかるが、電話の向こうの人は誤解した。

「僕ですか。あー、ラジオは、あまり聴いてないんですよ」

質問者は受身の「聴かれる」を使ったが、相手はそれを自分に対する尊敬の「聴かれる」と理解した。質問者に落ち度はないが、今後、尊敬の「れる・られる」が日本全土を、いや、アメリカ大陸をも席巻するようなことがあれば、質問をする側は、誤解を招くおそれのある受身の使用を避けるようになるだろう。尊敬の「れる・られる」の侵食により、「まっとうな」受身形の存続が危ぶまれる事態になったのである。

五番目の例の「野坂さんは選挙に出て落ちられた」は、テレビのトーク番組で、社民党の女性議員が作家の野坂昭如に向かって言った言葉だ。この言い方がしっくりこないのは、「あなたは選挙に出て落ちた」ということを尊敬語を使って話すという行為そのものに無理があるからだ。伝達する内容がすでに失礼なのだ。

たとえ事実を述べるのであっても、尊敬語を用いて話す相手に対しては、そのような話題を避けるか、表現を変えるかするのが、これまでの日本語コミュニケーションにおける礼儀であった。表現を変えるとすれば、「お落ちになった」でも「落選なさった」でもなく、「立候補なさいましたが、残念な結果となりました」と、やんわりと言ったものだ。

このことから、単に言葉としての敬語の形態が変わっただけではないということがわかる。日本語話者の敬意表現と、それを取り巻く社会や環境に変化が生じたのである。

「いただく」さえつければ丁寧になるのか

東京とその周辺で「れる・られる」が尊敬語として多く使われるようになったことに加えて、尊敬の表現にもう一つの変化が生じている。従来謙譲語であったものが尊敬語として使われ始めたことだ。尊敬語は相手や話題となっている人を敬って言うときに使われ、謙譲語は自分を低めることによって相手やその人物への敬意を表すものだ。つまり、謙譲語を尊敬語として使用するのは明らかな誤りである。だが、誤用には違いなくても皆が使うようになれば容認されたことになり、しまいにはそれが誤りであったことを知る人すらいなくなる。副詞の「とても」がよい例だ。「とても一日ではできない」のように、「もとは必ず下に打消の語を伴って用いられた」(『福武国語辞典』)言葉なのだ。

尊敬語として使われるようになった謙譲語の代表は、「いただく」である。「食べる」と「もらう」のいずれの意味でも使われる。「食べる」の尊敬語としては別の動詞の「召し上がる」があり、「お食べになる」「食べられる」は、あまり使われない。「先生はもう食べられました」と言ったら、狼にでも襲われて喰い殺されたかと思われる。尊敬語としての「食べられる」はしたがって(まだ)普及していないが、「召し上がる」とすべきところを、「テラス席で潮風に吹かれながら、海の幸のパスタをいただいてみてはいかが?」と「いただく」が使われるのは、もう当たり前のようになっている。

「もらう」の尊敬の形は「おもらいになる」「もらわれる」だが、先の「選挙に落ちられる」と同様、目上の人には使いにくい表現だ。敬意を表すべき相手に対して、その人がほかの人から贈られた物やこうむった恩恵に関して話すことが、すでに礼を失していると考えられるからだ。しかし、言わなければならないときもある。妻からプレゼントされたネクタイを自慢している上司には、どのように言ったらいいだろう。尊敬語を使わなければ次のようになる。

「すてきなネクタイですね。奥さんにもらったんですか」

「奥さんにもらったんですか」を尊敬の言い方にしてみよう。まずは、従来の日本語の規範からは外れるが、最近頻繁に聞かれる謙譲語の「いただく」を使った例である。

「奥様にいただいたんですか」

これを聞いて違和感を覚えない、日常的にこの表現を使用しているという日本語母語話者が大多数になったとき、「いただく」は尊敬語として正式に認められることになるのだろう。

動詞「もらう」の文法上の尊敬の形は「おもらいになる」「もらわれる」である。「おもらいになられる」などと「なる」のほうも「れる・られる」の尊敬の形にして敬語を重ねる人もいるが、これはやりすぎだ。先に述べたように、目上の人に対しては、たとえ尊敬の形であっても「もらう」という動詞を使うことを控えるのが礼儀とされている。したがって、別の言い方を考える必要がある。

「奥様がお見立てになったんですか」
「奥様がお選びになったんですか」

尊敬の動詞を使わないで言い換えると、次のようになる。

「奥様からのプレゼントですか」

敬意の度合いは低くなる。しかし、文法的な間違いを犯したり不自然な過剰敬語を使ったりするよりましだ。「食べてもらう」を尊敬の言い方にしようとして、「いただいていただく」と言いそうになって途中で詰まった司会者がいた。目上の人の場合でも自分自身の場合でも、「食べる」と言いたいときはいつも「いただく」を使う人なのだが、「いただく」が二つ続くことにはさすがに抵抗を覚えたようだ。
「いただく」の次によく聞くのが、「会う」の謙譲語である。尊敬の形は「お会いになる」だが、そこを「お会いする」と言う。

「中国においでになって胡錦濤さんにお会いしたそうですね」

相手に向かって「おいでになって」と言っているということは、尊敬語を使って話しているわけだが、後半がへりくだる言い方になっている。話者自身が訪中して国家主席に面会したのなら、「お会いした」もしくは「お目にかかった」と言えばよい。だが、尊敬語を用いて話しているときに、相手の行為に謙譲表現を使ってしまっては、敬語にうるさい相手なら不愉快に思うだろう。

ほかにも、尊敬の形を用いるべきところに、誤って謙譲語が使われる。「存じ上げる」「さしあげる」などが聞かれる。実際に見聞きしたものを次に記すが、かっこ内は言い換えの一例だ。

「お問い合わせしていただきたいと思います」(お問い合わせください)

「携帯電話、ＰＨＳからはお電話できません」(携帯電話、ＰＨＳはお使いになれません、または、お受けできません)

「月末に出席簿を事務にご提出するようお願いします」(月末に出席簿を事務にご提出願います、または、ご提出ください)

「本田宗一郎さんを存じ上げていらっしゃいましたか」(本田宗一郎さんをご存じでしたか)

「五〇〇〇円の図書カードをお送りいたします。お子さんに絵本でも買ってさしあげてください」（お子さんに絵本でもいかがでしょう）

「いただく」があまりに多すぎて、うるさく感じられる実例を示そう。大学から教員に配付された文書である。謙譲語の使い方としては間違っていないが、句読点も含めてわずか三六〇字ほどの文章のなかに、「いただく」が六回（うち、「させていただく」が二回）出てくる。「お願い申し上げます」も四回だ。

「本年度ご採用の教科書につきましては、返信用封筒をご利用の上、お申し込みいただきたく、よろしくお願い申し上げます。弊社といたしましては品切、再版中等の事情がないかぎり、四月初めの授業に間に合わせるべく努力を致しますが、三月中旬以降のご注文につきましては、出版社の事情によっては、取り揃えるのに時間のかかる場合がありますので予めご理解いただきたくお願い申し上げます。尚、品切、再版中等の場合にはご連絡させていただきますので、新たなご指示をいただければ幸甚に存じます。ご多用のところ、お手数をおかけいたしますが何卒宜しくお願い申し上げます。

尚、このお知らせは先生方全員に送付させていただきましたので、既にご注文をいただいております場合、また、ご注文と入れ違いにお手許に届きました場合には、何卒ご容赦の程お願い申し上げます」

実験的に、「いただく」をすべて省いてみる。そして、四度の「お願い申し上げます」を一度だけにすると、以下のようになる。

「本年度の教科書を返信用の封筒にてお申し込みください。品切、再版中等の事情がないかぎり、四月初めの授業に間に合わせるよう努めますが、注文が三月中旬以降になりますと、出版社の事情によっては、取り揃えるのに時間のかかる場合があります。尚、品切、再版中等の場合にはご連絡いたしますので、新たなご指示をお願い申し上げます。

本状はすべての先生に送付しておりますので、既に注文なさった場合、また、注文と入れ違いに届きました場合は、ご容赦ください」

句読点を入れて二二〇字足らずと、原文の六割に縮まった。敬意もそれほど低くなっていない。本当は、語彙の面も検討してもっと短くしたいところだ。「いただく」を使うなとは言わないが、別の言い回しを考えてみるとか、必要以上の繰り返しを避けるとか、ひと工夫あってもいいのではないかと思う。

新種の謙譲表現「を入れ」

「有権者の皆さんとお会いをいたしました」

「お会いいたしました」とすればよいところを、「お会いをいたしました」のように、「を」を入れる言い方が目立ってきた。特に政治家がこれを好む。党派、年代を問わない。メディアへの露出度の高い国会議員から始まって、次第にテレビ、ラジオの番組司会者、とりわけ謙虚に話そうとするアナウンサーが使用するようになり、最近は一般人にも広まりつつある。

「お呼びをいたします」
「各地に出ている注意報からお伝えをしていきます」
「ではここで一曲お届けをいたします」
「お送りをいたしました」
「お待たせを申し上げました」

すべて、余計な「を」が入っている。「いたす」「申し上げる」は「する」の謙譲語だ。この「を入れ」は、「お話しいたします」と「お話をいたします」がほぼ同じように使えることからくる、文法知識の誤った適用である。「お話しする」は「話す」の謙譲語で、「お話をする」は「話をする」の「話」に「お」をつけて丁寧にしたものだ。美化語とも言われる。

右に挙げた「会う」「呼ぶ」「伝える」「届ける」「送る」「待たせる」などは、「お〜する」の形で謙譲語になる動詞であるが、「話をする」とは異なり、「会いをする」「呼びをする」「伝えをする」「届けをする」「送りをする」「待たせをする」のような、「名詞＋をする」の形にはならない。そもそも、「会い」「待たせ」は、名詞としての機能を持たない。一方、「伝え」「届け」「送り」という名詞は存在する。だが、「古くからの伝え」「役所への届け」「野辺の送り」のように使われ、どのような文脈でも使えるわけではなく、意味上の制限がある。さらに、「呼び」に「お」をつけて、「誘われても断ってばかりいたら、最近とんとお呼びがかからなくなった」とは言うが、「呼びがかからない」とは言わない。

「いたす」「申し上げる」をともなう謙譲表現だけでなく、「いただく」「願う」を使う場合にも不要な「を」がつく。

「この放送はハワイでもお聴きをいただいております」

「ごらんをいただきました」
「具体的な数字をお示しを願いたい」

「お聴きいただく」「ごらんいただく」「お示し願う」から敬語を取り除くと、「聴いてもらう」「見てもらう」「示してほしい」（または、「示してくれることを望む」）となる。「聴いてもらう」の謙譲の形は「聴いていただく」であり、それをさらに丁寧にすると「お聴きいただく」となる。「を」の入る余地はない。

これも、「お話しする」と「お話をする」のように、ほぼ同じような意味で使うことのできる言い方に引きずられた結果だ。「お電話をいただく」と「お電話いただく」も、同じように使える。前者は「電話をもらう」の謙譲語である。後者は、少し回りくどい説明になるが、相手が自分に対して行う「電話する」という行為を、自分が受ける（もらう）、ありがたく受ける（いただく）というニュアンスの込められた謙譲表現だ。

このような「を入れ」可能なケースと混同した結果、「お聴きをいただく」「ごらんをいただく」「お示しを願う」といった奇妙な敬語表現が出現した。「聴き」「らん」という名詞は存在しない。「話」や「電話」とは違うのだ。「お示しを願いたい」と言ったのは、いつもたいへん丁寧な物言いをする政治家だが、これでは国民に示しがつかない。

「〜たいと思います」

「皆さんおそろいのようですから、そろそろ始めさせていただきたいと思います」

会議の開始を告げる司会者の言葉だ。随所にぼかしを入れることによって、丁寧さを演出している。小学校の学級会なら、全く同じ内容のことをもっとわかりやすく言うだろう。

「全員集まったので、いまから始めます」

話し合いの最中に授業の終わりを告げるチャイムが鳴ったら、先生が学級委員に「はい、おしまい」と終了を促し、司会を担当した子どもが「これで終わります」と宣言する。それに対して大人たちの閉会の辞は、やはり長めだ。

「この辺でお開きとさせていただきたいと存じます」

この閉会の辞の伝えるメッセージは、「はい、おしまい」や「これで終わります」と同じであるにもかかわらず、大人たちはあちこちに飾りをつけて文を長くし、「たいと思います」「たいと存じます」で結ぶのである。

『日本語コース初級』に、「始めさせていただきたいと思います」は出てこない。「始める」「させる」「いただく」「〜たい」「〜と思う」のすべてを習うが、「させていただく」「〜たいと思う」は習わない。この教科書で取り扱う一四の関連文型を、学習する順番に並べてみよう。

始めます
始めましょう
始めましょうか
始めませんか
始めたいです
始めようと思います
始めるつもりです
始めたいと思っています
始めてもいいですか
始めてもかまいませんか

始めさせてください
始めさせてくださいませんか
よろしかったら、始めたいのですが
始めてもよろしいでしょうか

新しい言い方が出てくるたびに、学習者たちはそれ以前に習った類似表現との共通点、相違点を教え込まれる。一つひとつのニュアンスの違いを学び、場面や話す相手によってどれを使ったらよいか考えなければならない。多くの日本人の使う「始めたいと思います」さえ知っていれば、右の文型のうちのかなりの部分をカバーできる。全部覚えなくてもすむ。留学生にしてみればありがたいことだ。

この文末表現の実例を、再びラジオから拾った。

「安全運転のほう、お願いしたいと思います」
「イラクの一日も早い復興を祈りたいと思います」
「コンサートのお知らせをここでちょっとさせていただきたいと思います」
「間違い電話が多くなっておりますので、ご注意いただきたいと思います」

「お話を伺いたいというふうに思っております」
「来年もよろしくお願いしたいなあというふうに思います」

「～たいと思います」をめぐって、彭飛《ポンフェイ》・京都外国語大学教授はある座談会で次のように述べている。

「謝るときでも『お詫びしたいと思います』って言い方をしますよね。あの感覚は中国語にも英語にも訳せない。『したいと思う』というのは予定です。私はいつも『それでいつお詫びするのですか』って聞きかえしてしまいますね」（「通販生活」二〇〇二年春号、一〇七～一〇八ページ）

「間違い電話が多くなっておりますので、ご注意いただきたいと思います」にしても、「間違い電話をかけるな」というメッセージを、二重三重にオブラートでくるんだ表現で伝えようとしている。「間違い電話が多くなっているので、ご注意ください」では居丈高だと聴取者から苦情がくるのだろうか。それとも、局側があらかじめそういった誤解や摩擦を避けようと気をまわして、敬意表現の厚化粧をしているのだろうか。これだけ丁寧に言っておけば文句は出るまい、と。

第四章　空虚なコミュニケーション

「やまびこ挨拶」の目的

コンビニエンスストア、大型新古書店をはじめ、多くの店で採用されている「やまびこ挨拶」というものがある。客が入ってくると、その姿を認めた店員が「いらっしゃいませ」と叫ぶ。すると、その声を聞いたほかの店員たちが次々とこだまのように「いらっしゃいませ」と続ける。同様に、レジをすませた客、または何も買わなかった客が出口へ向かうと、その背中に「ありがとうございました」がこだまする。おおかたの店員は客のほうに顔を上げるでもなく、体の向きを変えるでもない。商品の在庫の確認をしながら、棚の本やCDを並べ替えながら、伝票の整理をしながら、あるいはほかの客の応対をしながら、ただ叫ぶ。

銀行でも、案内係の行員が判で押したように「いらっしゃいませ」「ありがとうございました」と声をはりあげる。金融機関には不釣り合いなほどの威勢のよさだ。元気がよすぎて、「いらっしゃあっせえっ」「ありがとあんしたあっ」としか聞こえないこともある。

私はかねてから、この「やまびこ挨拶」が気になっていた。この「気になる」は婉曲表現で、「不快」を意味する。とはいえ、何を快いとし、何を不快とするかには個人差がある。私が快いと感じるものを不快に思う人もいるだろうし、その逆もあるだろう。「やまびこ挨拶」は、ある程度の規模の客商売であれば、小売店だけでなく、飲食店、美容院、銀行と、業種を越えて取り入れられているということなのだろう。「元気がよくて気持ちがいい」「客へのサービス精神に満ちている」と、好評なのだろう。そう思っていた。

ところが、大学生との話のなかで、外国人学習者に教えるべきか否か悩まされる「変な日本語」に話題が及んだとき、彼らが挙げたもののなかにこの「やまびこ挨拶」があった。ほかには、「ら抜き言葉」「全然＋肯定形」「半疑問イントネーション」「〜じゃないですか」「〜系」「〜的」などが挙がった。日ごろこれらの表現を使いつつも、外国人の日本語学習者に胸を張って教えることのできる言い回しではないと感じているのだ。

「やまびこ挨拶」の評判はかんばしくなかった。「意識したことがない」「気にならない」は少数意見で、ほかは、「心がこもっていない」「反射的に叫んでいるだけ」「パーソナルな応対ではなく、適当にこなしている感じ」と、手厳しい。「何も買わないで帰るときにあちこちから『ありがとうございました』と叫ばれると、『買わずに帰る俺への嫌みか』と言いたくなる」という声もあった。

もし、学生たちや私と同じような印象を抱く客が少なくないとしたら、つまり、利用客がこの挨拶に満足していなかったとしたら、「やまびこ挨拶」をサービスの一環として実施している店は見込み違いをしていることになる。次回何かを買うかもしれない潜在的顧客や、たまたま目当ての商品が見つからなかった常連客の背中に「ありがとうございました」のこだまを浴びせかけるのは、むしろ逆効果ということだ。

客に当惑を抱かせたり不快感を味わわせたりするのは、店側の本意ではないはずだ。そして、商売人であれば、提供する商品とサービスを充実させること、従業員のやる気を出させ質を向上させること、経営の無駄を省いて価格に反映させること、客心理を研究して顧客の満足度を高めることなどが売り上げ増に直結することを熟知しているに違いない。したがって、店の方針として「やまびこ」を採用するのは、そろばん勘定のうえの戦略である。とすると、必ずしも客に好印象を与えないこの挨拶は、もとより来店客を歓迎したり気持ちよく送り出したりするためのものではないということになる。つまり、「やまびこ挨拶」は客のためではなく、店の従業員のために考案されたという推論が成り立つ。

人間の行うコミュニケーションに意味のないものはない。挨拶一つとっても、全員で一斉に声をそろえて叫ぶのも、お客さんに向かってにっこり微笑むのも、深々とお辞儀をするのも、または挨拶をしないで無視するのも、すべて意味のある行為だ。送り手と受け手がそこに同じ意味を見出しているとは限らないが、そこに意味が発生することに変わりはない。

店員たちが、あの元気のよい挨拶を客に対してでなく自分たちのために発していると考えると、「やまびこ挨拶」の意義が見えてくる。全員がそれぞれ大声を出すことで、緊張感の持続と連帯感の確認が図られる。士気を鼓舞し、仕事へのモチベーションを高めるという効果も期待できる。しかも、表向きは客への礼儀に適《かな》ったものとなっているから一石二鳥だ。

リアクションを期待しないコミュニケーション

（スーパーマーケットなどのレジ担当者が言う）「いらっしゃいませ、こんにちは」

（年賀状の交換が唯一の安否確認手段となった旧友宛に添える）「今年こそ絶対に会いましょう」

（電車内で）「優先席付近では携帯電話の電源をお切りください。それ以外ではマナーモードに設定のうえ、通話はご遠慮ください。お客様のご理解とご協力をお願いいたします」

（転居通知の葉書に記す）「お近くにお越しの節は、ぜひお立ち寄りください」

（タバコのパッケージに印刷されている）「あなたの健康を損なうおそれがありますので吸いすぎに注意しましょう」

これらと「やまびこ挨拶」には共通点がある。コミュニケーションの目的がメッセージ内容を字義どおりに伝達することではないという点だ。真の目的は、メッセージを発したという事実を相手に知らしめることにある。したがって、メッセージの受け手が送り手の意向に添った行動をとるかどうかは、ほとんど問題にされていない。場合によっては、受け手にメッセージの内容に即した行動をとられては困ることもある。

店員の発する「いらっしゃいませ、こんにちは」を客は無視し、返事をしない。携帯電話の使用を禁止するアナウンスが流れれても、優先席に座ってメールやゲームや調べものを続ける乗客はあとをたたない。年賀状や引っ越しの知らせにつけ加えるひとことは社交辞令であり、受け取った側は真に受ける必要はない。転居通知のひとことを真に受けて、「近くに用事があったから」と突然新居を訪問しようものなら、相手は驚きと戸惑いを隠さないだろう。また、喫煙の害をうたう注意書きは、お得意さんである愛煙家に本気でタバコを控えさせようとしているとは思えない。

これらのメッセージの送り手は、受け手がメッセージどおりに動くことを期待していない。メッセージを受け取った側が何らかの行動を起こすという、本来あるべきコミュニケーションの姿がここには見られない。送り手にあるのは何らかの意味を有する内容を伝達するという意思ではなく、義務を果たす、ないしはマニュアルどおりにこなす、というほどの意識だけである。受け手はそのことを察知する。内容は問題ではないということを敏感に感じ取る。だから無視するのだ。

挨拶されたら挨拶を返すのは常識だ。だれがだれに向かってどのように挨拶するか、またはしないかという決まりは社会や文化によって異なる。日本語コミュニケーションの常識では、

「おはよう」と言われたら「おはよう」と返事をし、「ただいま」には「お帰りなさい」と応じ、「ありがとうございました」に対しては、「いいえ、どういたしまして」と返すことになっている。

日本国内であれ外国であれ、すれ違う人すべてと挨拶を交わすのが常識だという地域がある。また、赤の他人同士であっても、バスやエレベーターなどに乗り合わせたら、挨拶を交わすなり微笑み合うなりすることが常識の地域もある。それに対して、顔見知り以外とは会釈もしない習慣を持つ地域がある。

フランスを例にとると、サービス業者と客の場合、何も買うつもりがなくてふらりと入った店で――高級ブランド店では、それ自体非常識な行為だが――、また、スーパーマーケットのレジで、客は最低限三つの言葉を発しなければならない。「こんにちは」と「ありがとう」と「さようなら」に当たるフランス語だ。もちろん店員側も、最低限この三つの言葉を、客の目をまっすぐに見つめて笑顔で言う。無言、無表情で入ってきて同様に立ち去る客は、店員にその場で罵倒こそされないが、間違いなく軽蔑される。

ひるがえって日本では、「やまびこ挨拶」をはじめとする接客業の「いらっしゃいませ、こんにちは」に、客は「こんにちは」と応えない。試しに、客が満面に笑みをたたえて元気に「こんにちは」と返事をするとどうなるか。予期せぬ反応に、店員はぎょっとして後退《あとずさ》りするか、自分が先に言ったにもかかわらず、あわてて再度「こんにちは」と言い直すに違いない。これは来日したての留学生がしばしば経験することだ。「こんにちは」と言われて黙っていることは常識に反するという文化を持つ者にとって、客が「こんにちは」も「どうも」も言わず、軽い会釈すらしない日本式の「マナー」は不可解であり、無気味である。

むろん日本でも、知り合いから「こんにちは」と挨拶されて、もし同じ言葉を返さなかったら、「どうも」も「おうっ」も言わなかったら、手も挙げず、微笑みもうなずきもしなかったら、つまり相手からの挨拶を完全に無視したら、その態度は悪意の意思表示と見なされる。出ていこうとする背中に「さようなら」なり「ありがとう」なり「また来てね」なりが聞こえてきたら、すでに挨拶ずみであってももう一度振り返って手を振ったりお辞儀をしたりする。背中の声を無視して立ち去ることが許されるのは、投げつけられたものがののしりの言葉であったときだけである。双方にとって、それは宣戦布告のようなものだ。そのような一種異常なコミュニケーションが、店員と客との間で日常的に交わされている。

相手からのリアクションを求めない、むしろリアクションを禁じていると言ってもよいコミュニケーションにおいて送り手が放っているのは、それが意図的な悪意の伝達でないならば、「私は礼儀知らずの人間ではない」「私は決められたことを守っている」「ほかでもしていることをうちでもやっている」というメッセージである。

私語禁止

相手からの返答を期待しない無味乾燥な挨拶の言葉を繰り出すレジ担当者の視線は、どこに向けられているのだろうか。客がレジを通る間、彼もしくは彼女が見るものは、カゴのなかの品物、機械に表示される金額の数字、客の差し出す紙幣と、おつりの小銭だけだ。何かやましいことでもあるのかと勘ぐりたくなるほど、徹底して客の目を見ない。一方、客のほうはどうかというと、視線を宙にさまよわせ、やはりレジ係の顔を見ない。しかも、終始無言、無表情である。互いに口をきいてはいけない、顔を見てはいけない、という規則でもあるかのごとく、客と店員は言葉を交わさず、目を合わせない。

常連客に接する個人商店を除くと、スーパーマーケットやコンビニエンスストアだけでなく、書店であれパン屋であれ花屋であれ、どこも似たような対応だ。駅の定期券販売窓口の係員も、セルフサービスの飲食店の従業員も、客と一対一で金銭の授受をする際に、必要最低限の言葉と笑顔のない表情で、うつむいたままますませようとする。客から金を受け取るときに目を見て微笑む従業員がいるのは、いまや老舗百貨店だけになってしまった感がある。

無駄口をたたくことが禁止されているのだと、あるときふと気がついた。私語が許されないのは、効率を最優先するからなのだ。視線を避けるのも、私情をはさむ余地をなくし、作業を能率よく進めるためだ。微笑みを浮かべて見つめ合ったりしたら、親しみのこもった言葉を交わしたくなる。そんなことをしていれば、段取りが狂う。そういった誘惑に陥らないためには、初めから目を合わせないでおいたほうがよいのだ。品物の代金を計算し、客に金を支払わせる。それをいかに素早くこなすかがレジ担当者の職務であると、店の経営者は考えているのだろう。レジに立つ彼ら、彼女らは、生身の人間としての情の表出を可能なかぎり抑えるよう求められている。客の目を見てはいけない、おしゃべりをしてはいけない、というのはまさにそれだ。

このことに気づいたのは、二つの体験を通してだった。一つはフランスの地方都市ブザンソンの、もう一つは自宅近くの、いずれもスーパーマーケットのレジでの経験である。これらの経験をするまでは、昔の店員と客はこうではなかった、なぜこんなふうになってしまったのかと、釈然としない思いを抱いていただけだった。

ブザンソンのスーパーマーケットのレジで、私は係の女性に友好的な笑顔で迎えられた。パリでもレジ係は微笑むが、終始愛想よくにっこりしているわけではなく、要所要所で、たとえば「こんにちは」「ありがとうございます」「さようなら」「よい一日を」といった挨拶の言葉に笑顔を添える。合計金額を告げるときや、商品についての質問に答えるときには真顔で、まっすぐにこちらの目を見つめて言う。そして挨拶の段になると破顔一笑して、次の瞬間には真顔に戻るといった具合に、表情にめりはりがある。営業用スマイルと言えばそれまでだが、客にしてみれば、営業する気があるのかと聞きたくなるような無表情に接するよりはるかに気持ちがいい。

　ブザンソンのレジの女性はパリと違って、最初から最後まで人のよさそうな笑顔を浮かべていた。私に日本人かとたずね、いとこが日本に住んでいたことがあるという話から始まって、知っている日本語を次から次へと発音してみせて自慢した。その間手を動かしてはいるが、こちらの目をじっと見てしゃべっているため、商品のバーコードを機械に読み取らせる作業にも遅れが生じる。支払いの段になっても彼女は話をやめず、なかなかおつりを渡したがらない。

　私は後ろに続く買い物客に気兼ねし、それとなく振り向いた。並んでいた数人は別段いらいらした様子も見せず、話を聞いて笑っているふうなのだ。パリならたちまち文句の一つや二つは出るところだ。夏のバカンスのただなかの地方の小都市には、穏やかで気長な人々がいたのである。

　商売の面から言えば、これはたいへん効率が悪い。レジ係が客を足止めしておしゃべりをしているのだ。効率最優先の日本のスーパーマーケットなら、彼女は即刻クビを言い渡されるかもしれない。しかし、客の立場から言えば、店員に笑顔で迎えられて言葉を交わすのは心地よいものだ。少なくとも、この店にまた来たいという気分にさせられる。そして次にその店を訪れたときに、レジのカウンターを見回して彼女を探すのだ。

日本のスーパーマーケットでの経験は、それとは正反対のものだった。私語が禁止されていることを実感したと言っても、フランスと違って日本のレジ係は客に話しかけないから、おしゃべりが禁じられるのは客のほうである。客は黙って商品の代価を払えばよく、余計な口をきいてはいけない。それを知ったのは、「レジ袋不要カード」なるものの存在を認めたときだった。一部のスーパーマーケットではゴミの減量と経費節減をうたって、客が買い物袋を持参することを奨励している。そのような店には、入り口付近やレジのカウンターに「レジ袋不要カード」が置いてあることがある。

初めてそのカードを見たとき、私は聴覚障害者のためのサービスかと思った。だが考えてみれば、袋を必要としないことを口でなく動作で告げることは、さほど難しいことではない。持参した買い物袋を見せてもよい。つまり「レジ袋不要カード」は、聴覚障害者へのサービスではなく、視覚障害者を除くすべての来店客に向けてのものだったのだ。

これは一見、「袋は要りません」と客がいちいち言わなくてもすむようにという、店側の配慮のように見える。しかし実際はそうではない。客の面倒を省くためではなく——ただひとこと「袋は要りません」と言うのが面倒であるかどうかも議論の余地があるが——、レジ係の仕事上の効率を最優先するための措置だったのだ。品物の計算が終わって客に合計金額を告げると同時に、係員の手はレジ袋にのびている。客がそれに気づいて、「あっ、袋はいいです」と言ったときには、袋はもう買い物カゴのなかに入っている。レジ係は袋をカゴから取り出す。しかし、皺の寄ってしまった袋は次の客には使えないという考えが頭をよぎり、困惑が顔に出る。客のひとことが、彼もしくは彼女の手際よい仕事運びのタイミングを狂わせてしまったのだ。

客が黙って「レジ袋不要カード」をカゴに投げ込んでさえおけば、作業は迅速に滞りなく完了し、レジ係は迷惑がらずにすむ。客には余計なことを言わずに黙っていてほしいのである。

沈黙が当たり前になると、口をきくことがおっくうになり、口頭によるコミュニケーションの感覚が麻痺してくる。沈黙に慣れた人々は、電車のなかで他人の足を踏んだり背中を押したりしても何も言わなくなる。歩道を走る自転車は、ベルをちりりんちりりりんと鳴らして道を空けさせ、路傍に身を寄せる歩行者のわきをすり抜ける際に、「すみません」でもなければ「どうも」でもない。目を合わせることすらしない。相手と目を見交わして声を出し、相手の声を耳で聞くという肉体をとおしたやりとりがないから、ベルの音を聞いて端に寄る歩行者を血の通った人間であると実感することができないのだろう。自分の行く手を阻んでいた邪魔な物体という意識だから、その物体に対して謝ったりお礼を言ったりすることなど考えつきもしないのである。

声を出すことが要求されない、または、はばかられる環境に身を置くうちに、声を出すことを極端に避けるようになったのだ。生身の人間に触られたりあやされたり抱き締められたりしなかった乳幼児に、笑わない、視線を合わせない、物理的な刺激に反応しないケースが見られると聞くが、それと同じ類だろう。インターアクション（相互作用）のない環境が、無言、無表情、無反応の人間を大量に生み出した。人々の口頭コミュニケーション能力を低下させたものの一つが、無言の客を歓迎する効率優先主義と言えよう。

コラボレーション（共同作業）

コミュニケーションという単語の元となったラテン語コンムーニカーティオーは、英語のコモン（共通の）に当たる言葉から派生したものである。コミュニケーションの「コ」（この場合、厳密には「コム」）は、ラテン語語源の「ともに」「結合」「同伴」を意味する接頭辞だ。次に続く文字によって、「コ」「コム」「コン」「コル」などになる。コープもしくはコオペラティブ・ソサエティー（生活協同組合）、コンバット（戦闘）、コミュニティー（共同体）、コンピレーション（寄せ集め、編集）、コラボレーション（共同作業、協力）、コンチェルト（協奏曲）、コネもしくはコネクション（縁故、関係、接続）その他、数多くのカタカナ語の頭についている。いまやすっかり日本語化したコマーシャル（商業、交流の意の英語、コマースから。コマースの原義は商品を交換すること）も、コンパ（交際、仲間などを意味する英語、カンパニーから）もその仲間だ。

これらの言葉は、当然のことながら、他者なくしては成立しないものごとを表す。コンバットは物騒極まりないが、他人との関わりのなかで行われることには違いない。いずれも、他者との関係を取り結ぶことなしには実現しえないのだ。ということは、インターアクションなくして、コミュニケーションは成り立たない。コミュニケーションという一語で表される、伝達、連絡、意思の疎通、通信、通話、交通などに通底する要素は、関係、共有、交流である。

したがって、相手からのリアクションを求めないコミュニケーションは、その名を裏切っていることになる。この種の独りよがりの言語行動には、コミュニケーションという名称を与えるわけにはいかない。関係、共有、交流がないのだから、「ものごとを途中でほったらかしにすること」と「敵に投げかける短い槍」の二つの意味を込めて「なげやり」と名づけたいくらいだ。いい加減で、傲慢で、暴力的な言語行動という意味である。

元来、日本語における口頭のコミュニケーションは、コラボレーションの結晶であった。二人の人間の対話において、もっぱら片方が話している場合でも、聞き手は頻繁にあいづちを打ち、相手の言葉にうなずくことによって、話し手を補佐し、話を盛り上げることに貢献していた。

外国を旅すると至る所で日本人観光客に遭遇すると言われるが、最近では香港、台湾、韓国などからの旅行者も少なくない。フランスのテレビニュースでは、東アジアからの団体旅行客をカメラがとらえると、十把一からげにして「トゥーリスト・ジャポネ（日本人観光客）」と決めつけるが、それは必ずしも当たっていない。かつては服装や顔つきで、遠目でも出身国の見分けがついたものだが、現在はひところに比べてわかりにくくなった。一つ特徴的なのが、あいづちを打ちながらしきりにうなずく日本人だ。話を聞きながら、頭を小刻みに縦に振っている集団がいたら、それが「トゥーリスト・ジャポネ」だ。

電話での会話で、相手からのあいづちがないと話者は不安になり、「もしもし」と繰り返して存在を確かめる。そこにいるのか、聞いているのか、聞いているならあいづちを打ってくれというサインの「もしもし」である。幼稚園児でもすでに、聞き手としての日本型コミュニケーションのスキルを身につけている。ラジオの「全国こども電話相談室」に電話をかけてくる子どもたちは、回答する先生の話に的確にあいづちを打つ。先生が息を継いだり言葉を止めたりするたびに、「はい」または「うん」と合の手を入れて、先生を力づけ、喜ばせ、対話を助勢している。

フランス語の会話では、聞き手は話し手の目を見て話を聞く。あいづちを打つ頻度には個人差があるが、日本語に比べてはるかに少ない。相手が話している最中に何かはさむ場合は単なるあいづちで終わらず、質問や反論など、発話の権利を奪うことが多い。首肯《しゅこう》はときに、日本式の上から下ではなく、反対の方向、つまり下から上へあごをしゃくる。加えて、相手に賛意を表するつもりでただうなずいているのはむしろ失礼で、賛同の理由を述べたり、別の角度から問題を提起したりしなければならない。黙って聞いているだけでは会話に参加したことにはならない。あいづちを打つこととうなずくことで、話者をもり立てて和やかなうちに終わる日本式の参加型コミュニケーションと、それぞれが自説を展開して丁々発止やり合うが、結局は和やかに終わるフランス式の参加型コミュニケーションでは、参加の方法が異なるわけだ。

形態は違っても、日本式であれフランス式であれ、コミュニケーションはコラボレーションだ。ともに言葉を交わし、視線を交わし、メッセージを交わす。一方が独りよがりの挨拶もどきを発し、他方がそれを認知しているにもかかわらず、ないもののように扱うのは、きわめて不自然かつ不健全な共同作業である。会話をともに作り上げていくために相手を思いやってあいづちを打つという、幼稚園児も実践している日本語のコミュニケーションの伝統にも、これは明らかに反している。

人間関係と情報

日本語のコミュニケーションのもう一つの特色が、察しである。あいまい、遠回し、結論を言わないことなどに対して、現在では否定的な評価が下されることが多いが、暗黙の了解事項はわざわざ言語化する必要はないし、直接的な物言いをしないのは人間関係を重視するからでもある。はっきり言っては失礼になることも多々ある。自分から結論を言わないで方向だけを示して相手に推察してもらい、ともに一つの結論を見出すようにするというのは、従来型の共同作業のコミュニケーションそのものだ。このような察しのコミュニケーションは、本来けっして非難されるべきものではなかった。

コミュニケーションには、相手との人間関係に重きを置くコミュニケーションと、情報を正確に伝達することに重きを置くコミュニケーションとがあるという。そして、日本語のコミュニケーションは前者であると言われてきた。たとえば、会社の同僚に翌日の夕食会に誘われたと仮定しよう。

「イタリアン？　いいわね。でも、いま夫が出張中で、子どもたちだけで留守番させるわけにいかないいし。母に頼めば来てくれるかもしれないけど、最近父の具合が悪いのよ。入院するほどではないんだけどね。まあ、母に聞いてはみるけど、難しいと思うわ」

これは、行くとも行かないとも言っていないが、限りなく「ノー」に近い答えだ。相手からの誘いを喜び、人間関係には一応気をつかっている。そして、自分からは結論を言わずに相手に推察させ、理解を得ようとしている。

では、夕方になって上司がどっさり資料を持ってきて、「企画書を今日中にまとめるから手伝ってくれ。あした、朝イチで会議にかけるから」と言われたら、部下は何と答えるだろうか。その晩は早目に帰宅して、前から楽しみにしていたサッカーの日本代表の試合をテレビで観戦するつもりだった。だから残業はしたくないが、断る理由として、体調がひどく悪いとか親戚の法事があるとか、うそをつく気はない。人間関係重視型のコミュニケーションでは、次のように言って上司に察してもらおうとするかもしれない。

「サッカーの日本代表の試合はかかさず観てるんです」

部下が期待するのは、理解ある上司の次のような言葉だ。

「あ、そうだったね。今日は代表戦があったっけ。じゃあ、あしたの午前中に仕上げて、午後の会議に間に合わせよう」

しかし、つねに相手が察してくれるとは限らない。「あ、そう。うちのかみさんもサッカー好きだよ。じゃ、始めようか」で終わってしまう可能性もある。

情報伝達重視型のコミュニケーションであれば、次のように言うかもしれない。

「あ、すみません。前から決まっていた予定があるので、今夜は無理です」

上司に向かってこう言える若い社員が、いまの日本にどれだけいるだろうか。それ以上に、これを聞いて、先約があるのならしかたがないとあっさり引き下がり、かつ一切のしこりを残さない上司がいるだろうか。

人によっては、上司からの依頼は断らないという選択肢もあろうが、断る場合は、人間関係に配慮しつつ、確実に情報も伝達しなければならない。相手や状況によっては「今日はちょっと……」とだけ言えばすむ場合もある。よりよいのは、正直に理由を述べて帰宅したい旨を伝え、そして代替案を出す。つまり、言葉を尽くすことであろう。

「あしたの会議はほかの検討事項もあると、先ほど部長がおっしゃっていました。午後の会議でしたら、説明の時間もたっぷりとれるでしょうし、より効果的なのではないでしょうか。あしたは早目に出勤して、書類の作成は昼までに終えるようにします」

言葉を尽くして相手の理解を求めるという言動は、第一章に記した、授業に遅刻してきて無言で電車の遅延証明書を差し出す学生の行為の対極に位置するものだ。学生は教員に察しを求めているのだろうが、これは従来の日本型の察しのコミュニケーションですらない。ひとことも口をきかないのだから人間関係を重視しているとは言えないうえ、情報が正確に伝わらない可能性を考慮していない。これでは、人間関係も情報も軽んじられていると言わざるをえない。

情報の正確な伝達より人間関係への配慮を重視してきた日本型コミュニケーションが、国際化の影響で人間関係より情報を重視するようになったのならともかく、結果的に人間関係も情報も軽視されるようになったのだとしたら、これは由々しき問題だ。共有する情報がないにもかかわらず、つまり暗黙の了解ができていないのに言葉を尽くそうとしないのであれば、相手に情報は伝わらない。また、はっきりものを言わない理由が人間関係への配慮ではなく、ただ相手の察しを求めているのだとしたら、それは無礼なだけでなく、怠慢と甘えの表れでしかない。

いわゆる日本型のコミュニケーションが時代とともに変化するのは必至だが、変化の向かう先は、人間関係か情報かという二者択一ではなく、まして両方を軽視するのでもなく、人間関係も情報も、であるべきだろう。無言の遅刻学生が、言葉を尽くして説明する社会人へと成長できるように、訓練の機会を提供し、手本を示すのはまわりの大人たちの責任である。そして、その責任は重い。

第五章　豊かな日本語力をつけるためのセルフ・トレーニング

正しい日本語、美しい日本語とは何か

正しい日本語、美しい日本語、という言い方がある。しかし、何をもって正しいとするか、何をもって美しいとするかは、場合によっては議論を呼ぶ。一例を挙げれば、「鼻濁音が発音できないアナウンサーにはニュースを読ませるべきではない」と不快感をあらわにする人がいる一方で、鼻濁音でなくても全く気にならないという人もいる。前者は主として東京出身の中高年層であるが、彼らにとって鼻濁音は継承すべき正しく美しい日本語の音である。ところが後者はそう考えていない。それどころか、なかには、「鼻濁音を聞くのはまだ我慢できるが、強制的に発音させられると、体がむずがゆくなる」とまで言う者がいる。日本人の大学生である。

別の学生はこう言った。

「『食べれる』『見れる』は文法的に正しくないということですが、私の出身地ではだれもがそのように言っています。正しい日本語って何ですか。東京の言葉のことですか」

私が思うには、いま、ここで、私にとって、正しく美しい日本語というものは存在しうるが、いま以外の時、ここ以外の場所、私以外の者に、その正しさと美しさが認知されるとは限らない。言葉だけではない。正誤や美醜の判断基準は、時空を超えて不変ではありえない。

加えて、言語コミュニケーションにおいては、そこに当事者同士の関係や、発話者の人間性などが介入してくる。上品で教養ありげな佳人が優雅な物腰で「とんでもございません」と言うのを聞けば、これが正しく美しい日本語だと錯覚してしまう可能性もある。聞き手の話し手に対する好悪の感情が、発せられる言葉を美しくも汚くも感じさせる。文豪の物した文章のなかに美しい日本語を見出す人もいれば、正確な日本語なるものを追究して、夜を日に継いで辞書や文法書と格闘している人もいるだろう。

現実の口頭コミュニケーションにおける正しく美しい日本語の条件とは、相手に誤解を与えないことと、相手に不快感や不信感を抱かせないことに尽きるのではないかと思う。相手に誤解を与えないためには、現代の日本人が共通理解事項としているところの日本語の文法、語彙、音韻などの体系を無視するわけにはいかない。

規範とかけ離れた「日本語」を勝手に作って話せば、言いたいことが相手に通じないだけでなく、相手から疎んじられるのがおちである。外国人学生にはこの種の失敗が無数にある。コンビニエンスストアでコピー機の所在をたずねようとした学生が、女店員に向かって「すみません。コービしたいんですけど、できますか」と言って大笑いされたということを当の学生から打ち明けられた。確かに彼は、長くのばす音や濁音と半濁音を聞き分けることが得意ではなかったが、自分自身では「コピー」と正しく発音したつもりだったのだ。コピー機を指差しながら笑い転げる若い店員を前にして、笑われる理由がわからないままに彼も一緒に笑うしかなかった。幸い、その学生はコピーをするという目的を果たして無事に帰ってくることができたが、日本語母語話者でも、これに類した体験を持つ者はいるのではないだろうか。

その場で大笑いされるのなら、無邪気な間違いとして、それこそ笑ってすませてもいいかもしれない。ところが、「おいしいですよ。校長先生もどうぞいただいてください」とか「マジうまいっすよ。校長先生食わないんすか」とかになると、通じるには違いないが、話し手の言語能力はもとより、人間性まで疑われかねない。前者は敬語の使い方を誤っており、後者は語彙の選択が稚拙すぎる。校長先生はおそらくその場では笑い声を立てないだろうが、腹のなかでは不愉快に思うか嘲笑《ちょうしょう》している。したがってこれらは、正しくない、美しくない日本語だ。相手に嫌がられたり馬鹿にされたりするということは、結果として発話者に不利益となる。そういったことを避けるためにも、このような日本語は使わないほうがいいわけだ。

日本語の引き出しをどれだけ持っているか、そして、時と場合に応じて言葉や表現をいかに的確に選び取ることができるかが、日本語力の要《かなめ》だろう。選択の幅を広げる努力をしながら、選ぶ目を養っていく。そのためには、日本語の経験を積むことだ。たくさん聞いて、たくさん話して、たくさん読んで、たくさん書くことだ。

とはいうものの、これらを実行することを考えただけでも気が遠くなる。そこで、比較的容易に実践できそうな方法について、以下に具体的に述べてみたい。
外国人の日本語学習者のなかには、ごくまれに、「日常会話はできなくてもいい。一日も早く『古事記』を読めるようになりたい」などと言う者がいる。日本語母語話者であれば、口頭表現より文章表現を覚えたい、漢字の力をつけたい、速読術を身につけたい、と思っている人もいるだろう。だが、ここでは、聞くことと話すことを中心とした日常の日本語能力の向上に的をしぼることにする。

1 観察する力、聞く力、気づく力をつける

「人の振り見て我が振り直せ」という言葉がある。「見て見ぬ振り」というのもある。が、現代の都会人はあまり人の振りを見ていない。礼儀として見ない振りをしているというより、はなから見る気がないのだ。関心がない。人の振りを見てもおらず、人の話を聞いてもいない。
しばらく前に、ＪＲ武蔵野線の車内で次のようなアナウンスを聞いた。

「携帯電話のご使用はご遠慮させていただいております」

日中の比較的空いた時間帯だったが、この明らかにおかしい日本語を聞いて、笑いをかみ殺

す乗客も、いぶかしげな表情を見せる乗客もなかった。ひたすら携帯メールを打ち続ける者、真剣なまなざしでコミック誌に見入る者、目をつぶって音楽を聴いている者、ぼんやりと窓の外に目をやる者など、てんでんばらばらの乗客たちの唯一の共通点が、全くの無反応なのだった。

車掌は、携帯電話の使用禁止を婉曲に表現したかったのだろうが、「使用を遠慮させていただく」というのは車掌本人の不使用宣言にすぎないのであって、乗客への警告もしくは依頼になっていない。見境なく使われる「させていただく」の蔓延が、このような噴飯ものの誤用を生んだのだろう。

乗客たちは、いまここで自分がしていること以外に関心がないのだろう。注意を払っていれば、「させていただく」の使い方が変だとわかるはずだが、聞いていない。機械を通した音声を耳がキャッチしたとしても、ああ、また何か言ってるな、と頭の隅で感じるだけで、内容は聞き流している。

ところで、だれしも、読めるけれども書けない漢字というものがあるだろう。何と読むのかわからない複雑な漢字もある。その一方で、ことさら難易度の高い漢字でなくても、聞くことをおろそかにしていると正しく読めないことがある。底力《そこぢから》を「ていりょく」、自治会《じちかい》を「じじかい」、年俸《ねんぽう》を「ねんぼう」、市井《しせい》を「いちい」、一朝一夕《いっちょういっせき》を「いっちょういちゆう」、疾病《しっぺい》を

「しつびょう」、一矢《いっし》を報いるの一矢を「いちや」と読む人がいる。この人たちは漢字が読めないというより、漢字語彙を音声情報として取り込んでいない、つまり、聞くという経験を積んでいないのである。

日本語の語彙を増やすために、日本語を観察するために、間違いに気づくために、そして、人と同じ過ちを犯さないためにも、聞くことをなおざりにはできない。

2　ラジオを聴く

ラジオを聴くことは、語彙の拡充と日本語の観察にきわめて有効な手段の一つである。さらに、情報や娯楽を享受する聴取者にとって、ラジオにはもう一つの重要な使途がある。それは、ラジオが日本語の使い方とコミュニケーションのとり方を学ぶ格好の道具だということである。

音楽を流し続ける番組でないかぎり、ラジオからはさまざまな種類の日本語が聞こえてくる。有名人から無名の人まで、老若男女を問わず、いろいろな考えを持った、おまけに話しぶりも多様な人々が登場する。個人の日常生活のなかで会って話を聞くことなどまずできない人の話が聞ける。著名人には講演や読書を通して接することも可能だが、事情によっては講演会場に足を運べなかったり、読書ができなかったりすることもある。もっと接することが難しいのは、どこかの町や村で黙々と働いている農業従事者、職人、商店主、会社員、主婦らだ。そういう人たちが取材の対象となってマイクを向けられたり、聴取者参加番組で電話討論したりすることによって、市井の人の声がラジオを聴く者の耳に届く。

もちろんテレビでも同様のことが可能だが、ラジオがテレビと決定的に異なる点は、出演者の容姿や衣装や動作に気をとられることがない分、音声情報に集中できるという点だ。別の言い方をすれば、映像や文字のない分、耳から聞こえてくる情報だけをたよりに、自由にイメージをふくらませることができる。また、ラジオはテレビと違って、言葉を尽くさなければならないことを知っている。発音がいい加減だったり、早口でしゃべったり、もぞもぞ言ったりした場合に、発言をなぞってくれる字幕スーパーは出ないのだ。同時にラジオは、映像や文字で間をもたせるテレビと異なり、言葉と言葉の間、音が途切れた間に意味を込めることを知っている。

人間の想像力は、視覚情報の代わりになりうる。ラジオでサッカー中継を聴いていて、アナウンサーの実況とスタジアムの歓声で、ピッチのようすがありありと見えてきたことがある。見えたと思えるほど、深く聴くことができると言うべきだろうか。

このことから思い起こされるのは、人間の肉体というものは飽食に耐えるようにはできておらず、少しだけ飢えさせておいたほうが、生命力がわいてきて健康でいられるという事実だ。

視覚情報を提供しないラジオに、聴き手はほんの少し飢餓感を覚える。そして、多少の飢餓感から猛然と生命力がわいてくるように、聴取者は耳から取り込んだ情報をもとに、想像力や思考力を十全に発揮することができるのだ。

だから、深く聴ける。だから、見えてくる。話し手の真摯《しんし》な態度も、見習いたい日本語の表現も、また一方で、耳障りな話し方も、薄っぺらな発言も、すべてがそのまま伝わってくる。聴く者が情報や知識を得、娯楽に興じ、同時に自分の日本語を反省することのできるのがラジオだ。きわめて利用価値の高いメディアであり、この点で最も手軽なツールと言えよう。

3　書物や新聞を音読する

ラジオが音声情報を提供するのに対して、文字情報を提供するのが書物や新聞である。ラジオと同様に、情報の受け手は多少の飢餓感を味わう。動く映像も刺激的な音声もないことに物足りなさを覚える。文字を追いながら意味をとるということは、これもラジオを聴くのに似て、けっして受け身ではいられない。想像力と思考力をフルに発揮しながら進める作業である。活字を目で追うだけでも、口頭コミュニケーション能力の向上につながる。語彙の拡充は、聞くことにも話すことにも役立つ。しかし、さらに効果的なのは音読である。

人に聞かせることを目的としてもよいし、集団で一斉に、ないしは一人ひとり順番に読んでもかまわない。もちろん、一人きりで声を出して読んでもよい。ちなみに私が行っているのは、もっぱら孤独な音読である。

外国語学習の折に、語句レベルであれ文レベルであれ、音読をせずに過ごした者はいないだろう。単純に考えても、目と口と耳を使って行う音読は、刺激が多い分だけ、覚えることも促進される。日本語の場合でも、口頭で発信する能力の向上をめざす以上、声を出すことを惜しんではいけない。一人でやるのなら恥ずかしくもない。歓送会の二次会で披露する新しい歌を覚えたいと思ったとき、だれでも繰り返しメロディーを聴き、繰り返し歌詞を読んで頭に刻んだあと、必ず実際に何度も歌ってみるだろう。それと同じようなことだ。

同時通訳の神様こと國弘正雄は、『英語の話しかた』（サイマル出版会、一九七〇年。新版一九八四年。および、『國弘流　英語の話しかた』たちばな出版、一九九九年）のなかで体験的英語習得法を開陳している。先進国首脳会議で通訳を務めるずっと以前、太平洋戦争のさなかに國弘少年のとった英語学習法は、ひたすら朗読する、それも、中学校の英語の教科書を繰り返し読むことだった。

「他人が書いた英語をそのまま繰り返し朗読するという行為」が「自らの文を生み出すという行為につながる」（『國弘流　英語の話しかた』一五九ページ）からである。反復によって言語情報が身につき、英語を自在に操れるようになるのだという。

素材が中学校の英語教科書ということは、内容がわかっているものを音読していたということである。これは大事な点だ。外国人の日本語学習者はもちろんのこと、他人の書いた原稿を読むプロのアナウンサーでも、文章の内容をきちんと理解して読んでいるか否かは、朗読を聞けばわかる。少なくとも、読み手が意味を理解していない場合は即座にわかる。不適切な場所で言葉を切ったり、息継ぎをすべき箇所が違ったりするからだ。読点の位置によって文の意味が全く変わってしまうことがあるように、音読するときにどこにポーズを入れるかで、伝達すべき内容が一変する場合がある。

また、不自然な卓立《たくりつ》（個々の単語のアクセントではなく、文のなかのアクセント）に遭遇することもある。「私はヒロシ君にチョコレートを贈ります」という文を読むとき、「ヒロシ君」を強調するか「チョコレート」を強調するかで、伝えたい内容が違ってくる。アキラ君でなくヒロシ君に贈る、または、セーターでなくチョコレートを贈る、という場合だ。もしくは、「あなたはだれに何を贈るの？」という問いへの答えであれば、「ヒロシ君」と「チョコレート」の双方が強調されるだろう。

強めるべき箇所はほかの部分より高く、ややゆっくり発音して際立たせるものだが、プロのアナウンサーのなかにも、書かれた文字を音声化してつかえずに読むことにのみ注意を払った結果なのか、意味のとりにくい読み方をする人が案外多い。

したがって、他人の書いたものを音読する場合は、意味がおおかた——できれば完全に——わかっていることが肝要である。しかし、自分で声を出して読んでみるとわかるが、意味のまとまりの部分をひと息で読もうと思っても、息が続かない。文の意味を考えながら、同時に息継ぎの位置も確認しながら読み進めるのは容易なことではない。音読は、口頭表現能力のトレーニングになるとともに、脳と腹筋を鍛えてくれる。

素材に関して言えば、作者によって文体の異なる小説はともかくとして、新聞記事や論文などには、一文が長く、読点と読点の間、読点と句点の間も長いものが少なくない。読点が適切に打たれていない文もある。書かれたものは文字を目で追って理解するためのものであり、また、一度で理解できなければ何度でも読めばよいということなのだろうが、音読に耐える文章と耐えない文章があることとは心得ておいたほうがよい。

一人きりで音読をする場合でも、忘れてならないのは自分の音読を聞く自分自身が必ずそこにいるということだ。この「聴衆」をあなどってはいけない。「聴衆」は、あるときは大いに楽しみ、またあるときは厳しいチェックを入れてくれるだろう。

4　目を見て、笑顔で他人と話をする

ラジオを聴き、人の書いたものを読むことは、他者の意見や考えを幅広く吸収することでも

ある。個人の限られた行動範囲内では得られない経験を積むことができるうえ、想像力も育まれる。これらは実際に人と接して言葉を交わす経験を補完するものではあるが、そういう体験にとって代わるものではない。ラジオや書物などを媒介としたコミュニケーションには、表情や動作をはじめとする言語外のメッセージの往来や、臨機応変な即時の言葉のやりとりがない。それらがともに現れるのは、インターアクション（相互作用）をともなう生身の人間との対面コミュニケーションにおいてのみである。

インターアクションをともなう対面コミュニケーションといってもいろいろある。相手が友人や同僚であれば、共通理解事項も多いため話題に事欠かず、言葉づかいを気にする必要もない。同業者の場合もほぼ同様だ。

それに対して、職業や年齢の異なる人とは、つねに気楽にコミュニケーションがとれるとは限らない。話題選び、言葉づかいはもちろんのこと、言語と直接関係のない、表情や視線、態度、身だしなみなどへの配慮も要求される。話題選びにしても、暗黙の了解事項の少ない、もしくはほとんどない相手とどんな話をすればよいのか、ジョークを言ってもよい相手なのかそうではないのか、また、どんなジョークなら会話の潤滑油になりうるのか等々、考えるべきことはつきない。しかも、一方的な講義や講演と違って、すべてをあらかじめ準備しておけるわけではない。相手の出方次第でとっさの判断をしなければならないことのほうがずっと多い。

かつては、日常生活のなかで当たり前のように多種多様な相手と言葉を交わしていた。周囲の人々が話しているのを聞き、自分自身もまたバラエティーに富んだ話し相手を持つことによって、とりわけ子どもたちは日本語の語彙を増やし、言い回しを覚え、言葉の駆け引きを学んだ。知らず知らずのうちに、コミュニケーションの訓練を積んでいたと言える。住形態も生活様式も変化した現代人には、横丁のご隠居さんや町の八百屋さんと会話を楽しむ余裕は、もはやほとんどない。横丁も隠居も存在そのものが失われつつあり、買い物はひとことも発することなくスーパーマーケットですませる昨今、会話らしい会話もせずに日々を送る者もいるほどだ。

三〇年ほど前に比べて明らかに、日本人、厳密には東京で見かける日本人は、見ず知らずの人と話をしなくなり、笑顔を見せることがなくなった。その三〇年前ですらすでに、高度経済成長期以降の東京人が他人に無関心になったことを憂える声は少なくなかった。しかし、当時の東京では、長い間家族ぐるみの付き合いをしてきた下町の人々は言うまでもなく、郊外の新興住宅地の住民であっても、たえず言葉を交わし合い、互いのことをよく知っていた。声をかける相手は知り合いばかりではなかった。停留所でバスを待つ間に見ず知らずの者同士がおしゃべりをしたり、電車のなかに赤ん坊連れの若い母親がいれば、まわりの者が寄ってたかって赤ん坊をあやしたり、だっこさせてもらったりするのは、ごくふつうの光景だった。

一九七〇年代半ばと八〇年代前半にフランスのパリにしばらく滞在して帰国したとき、私は東京の人々の穏やかな表情と人のよさそうな笑顔にほっとしたことを覚えている。パリの町ですれ違う人々は一様に険しい顔つきをしていて、見知らぬ者同士が諍《いさか》いをし、口だけでなく手や足も出る小競り合いを見かけることも珍しくなかった。役所や郵便局や小売店に行けば、係員や従業員同士がおしゃべりに忙しく、片手間に客の応対をしているような印象すら受けた。二、三〇年という歳月を経て、パリは自信と落ち着きを取り戻したのか、人々の表情と言動に余裕が戻ってきたように感じられる。一方、現在の東京は、人々の態度が当時のパリを思わせる。

ただし大きく異なる点がある。それはいまの東京の人が、当時のパリとも現在のパリとも、またかつての東京とも違って、非常に無口だということだ。事件や事故が起こって電車が大幅に遅れた場合でも、乗り合わせた赤の他人同士はあまり口をきかない。情報交換をしたり、愚痴をこぼし合ったり、観念して冗談を言い合ったりしていたとしたら、それは一部の中高年者だ。アクシデントに見舞われた電車内で、連れのいない乗客は、いらいらした面持ちで黙りこくっているか、さもなければ携帯電話の電波の先にいる知り合いに自己の置かれた状況を説明するだけである。

フランスではしばしば、日本人の顔を評して「ヴィザージュ・エルメティック」と言う。内心の読み取れない無表情な顔、という意味だ。表情が豊かであれば内心が読み取れるかというと必ずしもそうではないが、言語メッセージの内容と顔の表情は密接な関わりを持つと考えている人々にとって、無表情な日本人は不可解な存在だ。それに加えて、パリを訪れる日本人団体客は、挨拶をしない、お礼を言わない、笑顔を見せない、と評判で、「日本人は礼節を重んじる人々だと聞いていたが……」と、驚きと不審の目を向けられている。

東京人が、他人と話をせず、笑顔を見せず、視線を向けようともしなくなったいま、つまりまわりとのコミュニケーションが途絶えたいまになって、その重要性が叫ばれ始めている。コミュニケーションのトレーニングを積んでこなかった現代人は、話し方教室だの自己啓発セミナーだのに通う。かつてはだれもがいつのまにか、したがってさほど苦痛もなく身につけたコミュニケーションのスキルを、いまやお金を出して、苦労して習う時代なのだ。

「電話のかけ方一つ知らない」と若者を非難する大人がいる。携帯電話が普及したことで、相手の家に電話をかける時間を気にしたり、取り次いでくれる家族に対する言葉づかいに気を配ったりする必要がなくなったのだ。必要も機会もないとしたら、人はものを覚えない。

時代は後戻りできない。利便性を求めること自体は非難すべきものではないが、利便性のみを追求したツケが、言語コミュニケーションの面でも、いま回ってきている。漢字の読み書きができなくなったというのは、「ゆとり教育」よりずっと以前に学校教育を受けた世代にも言えることだ。テレビを見る時間はあっても、読書をする時間は作れなくなった。加えて、筆記用具がペンからワープロやパソコンに変わった。その結果、漢字が書けなくなっただけでなく、私たちのボキャブラリーから複雑な漢字語彙が激減した。

各種通信手段の発達によって対面コミュニケーションの機会が減ったことで、生身の人間との言葉のやりとりが下手になり、相手の目を見ることができない人が現れるのもまた当然の帰結だ。コミュニケーションを取り戻すには、自ら機会を作り出すしかないだろう。エレベーターに乗り合わせた人と挨拶を交わす、相手の目を見て話す、鏡の前で笑顔を作る練習をする、一日に一度は「赤の他人」と言葉を交わしてみるといったことを、一人ひとりが心がけていくしかない。

5　マニュアルから自由になる

仕事に不慣れなアルバイト店員に必須の、接客マニュアルの存在意義は大きい。声が出せない、お辞儀ができない、笑顔が作れない、敬語が使えない、きびきび動けない、とっさの判断ができない……ないないづくしの新人にとって、マニュアル（「マニキュア」と同様に「手」という意味のラテン語から派生した語）は文字どおり手を引いて導いてくれるありがたいものだ。それにもかかわらず、マニュアル語の評判はかんばしくない。客の要求は千差万別であるはずなのに、数パターンの硬直した応対しかしていないという印象からくる不満だ。機械的だ、血が通っていない、柔軟性がない、等々。

その点を反省してか、立地条件から高齢者の来店が多いファストフード店では、一般客用マニュアル語を高齢者にもわかるように言い換えているという。ソフトクリームをカップ入りアイスクリームと区別するのに「アイスのまいたほう」と言い、飲み物などのSサイズは「小さいほう」と表現しているそうだ。この言い換えが、店員自ら高齢の客に接するうちに自然発生的に出てきたものなのか、それとも「お年寄客用マニュアル」が存在するのか定かではないが、後者であったとしてもそれはむしろ誇ってよいことだ。マニュアルとは本来そういうものである。想定しうるあらゆる場合の対処法が定められていてこそ、申し分のない手引きとなりうるのである。

マニュアル的接客という言葉は悪い意味で使われるが、理想的なマニュアルが完備していれば、かゆいところに手の届く、臨機応変な、心のこもった、少なくともそのような印象を与える「マニュアル的接客」も不可能ではないはずだ。ただし、現状はそうなっていない。

現在の接客マニュアルに記されていることは、接客のための「最大公約数」であると考えたほうがよい。すなわち、「(比喩的に) 異なる意見・見解のうちの共通箇所」(『集英社国語辞典』第二版) であり、異なる部分が存在することが大前提なのである。したがって、マニュアルのみをひたすら信じて、命がけで守るものではない。そのあたりを錯覚している店員が——むしろ店長や経営者が——いるように思えてならない。

接客マナーや接客用語を全く知らなければ、客に不快感を与える可能性がある。だから、必要最低限のルールはひととおり頭に入れる。ひととおりでかまわないと私は思う。一言一句正確に反復したり、一挙手一投足に至るまで注意したりしなくてもよい。そんなことより、最大公約数からもれる部分の多いことを自覚し、さまざまな客やいろいろな場面を想定して、自分だけのマニュアルを頭のなかで作成してみたほうがはるかに、よりよいサービスを提供するための訓練になる。

そうでないと、一人でおつかいに来た子どもに対して、大人の客に対するのと全く同じ言葉づかいで接して、そしてそれを少しも不自然に思わない若い店員が続出することになる。子どもの頭を撫でてやったり、ねぎらいの言葉をかけてやったりしろとまでは言わないが、客に顔も向けずに言う、機械的な「ありがとうございました。またお越しくださいませ」の代わりに、せめてにっこりと微笑んで、力強く「ありがとう。また来てね」とでも言ってやれないものだろうか。

また、ファストフードの店ないし飲食コーナーのあるパン屋などで、一人で来た客からかなりの量の注文を受けたあとで「こちらでお召し上がりですか」とたずねるのは、ばかげているだけでなく無神経で、客に対して失礼であること、同じ場面で、「お持ち帰りでよろしかったでしょうか」と問うのは文法的に間違っている（相手がすでに述べたことを問い直すときや、話し手と聞き手の共通了解事項を再度確認するときでなければ、「よろしかった」のような「〜た」は使えない）ことに気づけないのは、日本語を使ってサービスを提供する者として不幸なことである。

さらに、飲み物を運んできたウエートレスに、甲高い早口で「こちゃこちゃんないまっ！（こちら紅茶になります）」と叫ばれるより、落ち着いた声で笑顔とともに「紅茶です」あるいは「どうぞ」とだけ言われたほうが、少なくとも私は、同じお茶でもおいしく飲めるような気がする。

店員たちは、客一人ひとりへのサービスそのものより、マニュアルを絶対視してそのとおりにこなすことにのみ心を砕いているようにすら見受けられる。時間に追われていたり仕事にまだ慣れていなかったりして、余裕がないということもあるだろう。だが、たとえアルバイトであれ接客業を選んだ以上、マニュアルをひととおり覚えたあとは、むしろそれらを忘れて、サービスとコミュニケーションについて自分の頭で考え、自分の言葉で客に接したいものである。

作家・スポーツライターの小林信也の言葉を紹介しよう。二〇〇二年秋のプロ野球日本シリーズに関して、ラジオでコメントしたものだ。

「感性で動く（ジャイアンツの）仁志《にし》がよかった。データは入っているんだけど、一球一球で、すっと前に出たり横に動いたりして守備を変える。楽しそうだった」

基本をおさえつつ、創意工夫を楽しむ。マニュアルから自由になるとは、まさにこのことなのだと思う。

6　外国語を学ぶ

日本語のコミュニケーション能力をつけるのになぜ外国語なのかと、いぶかる向きもあろう。個々の事例は別として、母語でも外国語でも、言語習得の方法論には共通する部分が多いと私は思っている。ゆえに、外国語を学ぶことは日本語力の向上に役立つと考える。

外国語の読み書きもさることながら、高度の口頭表現能力を身につけている友人たちを見ていて気づくのは、ほぼ例外なく日本語のコミュニケーション能力にも長けていることだ。外国語学習時の彼らに共通するのは、その言語を使えるようになりたいという熱意だった。その言語を使って人と話したい、本を読みたい、文を書きたい、ひとことで言えば他者とコミュニケートしたい、そのために発音を覚え、文法を勉強し、語彙を増やし、文字を学んだ。ただし、そこまでならその言語に関する知識を得たというだけである。

コミュニケーション能力、とりわけ口頭によるコミュニケーションの能力を身につけるには、まず、母語話者の言語行動を観察する必要がある。挨拶一つとっても、たとえ完璧な発音を習得したとしても、それだけでは不十分だ。「こんにちは」や「さようなら」を言うときに、その言語では頭を下げるのか、相手の目を見るのか、微笑むのか、合掌するのか、握手や抱擁など相手の体の一部と接触するのか、握手をするなら片手でするのか、両手でするのか、相手が子どもなら頭を撫でるのか、頰をつねるのか、相手との物理的な距離はどのぐらいなのか、声の大きさ、高さはどうなのか、相手との上下、親疎の関係によって言い方を変えなければいけないのか、といったことを観察するのである。

ある言語を学ぶということは、その言語をめぐる三つの要素を身につけるということである。第一に、言語そのもの、すなわち文法、文字、語彙、発音といった言葉のしくみ、第二に、その言語が使用される環境において支配的である文化、そして第三に、その言語文化を背景として展開されるコミュニケーションのあり方である。母語であれ外国語であれ、一つの言語をほぼ習得したと言うためには、これら三つの領域に分け入って研鑽を積み、習得状況に若干の偏りがあったとしても、ともかく三つすべてにおいて合格ラインを超えなければならない。

外国語を身につけた人というのは、これらの条件をクリアした人たちである。他者の言語をマスターしたいと望む者は、いきおい他者の文化に敏感にならざるをえない。そしてその視点は、自らの言語に立ち返った際にも保たれる。言語的知識はもとより、言語コミュニケーションをめぐるさまざまな情報に対して関心を持つという態度である。その態度は、コミュニケートしようという意志から生まれる。コミュニケートしようという意志は相手に対する関心につながり、相手に対する関心は言語の周辺ルールへの配慮につながる。加えて、コミュニケートしようという意志を実行に移すために言語的知識が不可欠であることを認識し、言語そのものにも関心を抱き続ける。自らの使用する言語をさらに理解し、より適切に運用するためのセルフ・トレーニングを継続して行っていくことになる。

7 「手本」の充実が望まれる

セルフ・トレーニングに欠かせないのが辞書だ。

目からであれ耳からであれ、知らない単語や言い回しに出会った場合、たいていの人は文の前後関係から意味を推測しようとする。類推できなかったときに、あきらめてそのままにしてしまう人もいようが、辞書に当たる人もいるだろう。日本語力の向上をめざすなら、ぜひとも後者でありたい。こまめに辞書を引いて、言葉の意味と用法を確認しておきたいものだ。

日本語を理解するために辞書を活用するのはむろんのこと、よりよく運用するためにも、辞書はなくてはならないものだ。すなわち、手本としての辞書の活用である。ただし、語義しか載せていない辞書は、手本とするには物足りない。

「用例のない辞書は骸骨だ」と言ったのは一八世紀フランスの思想家ヴォルテールだが、過去の文学作品などからの引用はともかく、例文、それも比較的長めの例文の載っていない辞書は、まことに使い勝手が悪い。骨格だけで肉づけがなされていない物足りなさがある。中高生から社会人までを対象とした見出し語句五、六万の携帯用国語辞典に、語義のほかに比較的長い例文を載せることを要求するのはページ数などの関係から難しいかもしれない。しかし、例はあっても文になっていないものなどは、実際には「骸骨」とあまり変わらない。日本語をよりよく話したり書いたりするために辞書を利用する者にとって、複数の例文を比較検討することが不可欠なのである。

ところで、日本語を学習中の外国人学生は、しばしば文体不統一の文章を書く。たとえば、「田中さんがごちそうしてくださいました。おなかいっぱい食べちゃった。山海の珍味を賞味したのである。私って幸せですね」といった文だ。文末のみならず、語彙や表現もアンバランスである。留学生には、せめて文末を「です・ます」あるいは「である・だ」に統一するようにと注意を与えるが、なかなか身につかない者もいる。

これまで、日本語母語話者においては、このような乱れは、学校を卒業して以降私信以外の文書を作成することのない成人にときおり見られるものだった。文章を書くことに慣れていないのが一目瞭然で、読む者に座りの悪さと拙《つたな》さを感じさせずにおかなかった。ところが、この手の文を書く者は、いまや、現役の日本人大学生においても珍しくないのである。

外国人学生対象の作文講座ではむろんそうだが、中学校や高等学校の文章表現の授業でも、文末を統一するよう指導がなされているはずだ。それにもかかわらず、文体の不統一が日本人学生のレポートにおいても目につき、「である」に統一するように指示すると、「大きいである」などと書いてくる。

文末表現の混乱には、実は悪しき「手本」があった。「犯人」は一部の出版物だ。「です・ます」と「である・だ」がごちゃ混ぜに使用されている。講演、対談、インタビュー等の録音を文章にしたものでなくても、「〜あるんですね」「〜なんです」「〜じゃない」「〜てない」のような、完全なる話し言葉があちこちに挿入されているのだ。

著名な執筆者のベストセラーにも散見する。すると、有名でない作者たちもそうした文体を模倣し、次第に一般読者の脳裏にも刷り込まれていく。「作文は借文」と言われるが、大学入試の小論文でこんな文章を書いたら、減点されるのではないだろうか。

若い人や子どもたちの日本語をよりよいものにしたいと思う大人たちは、自身の日本語を反省することから始めなければならない。本の著者は、内容、すなわち読者への伝達を意図して書いたことがらだけでなく、どんな文体を採用したか、どんな語彙を選択したかといった二次的なメッセージも同時に伝わるということを、肝に銘じるべきだろう。

しっかりした手本があれば、人はそれをまねる。よい手本に慣れ親しんでいれば、そうでないものを見分ける目も養われる。やがて、相手に誤解を与えず不信感も抱かせない、しかも自らの言葉による発信ができるようになるだろう。

「人の振り見て我が振り直せ」

この章で述べてきたセルフ・トレーニング法は、比較的容易に実行できるものばかりである。継続的な実践が理想であることは言うまでもないが、まずは、日本語および日本語のコミュニケーションに対する無関心、無自覚、無批判という態度を改めることができれば、目標に半分ぐらい近づいたとも言える。この二つに注意を払い始めると、それまで見えなかったもの、聞こえなかったものが、次々に目と耳に入ってくるようになるからだ。

バランスの悪い例として先に示した外国人学生の短作文を読んだ人は、書き手の言わんとすることは理解しつつも、日本語としてより自然な文章にするべく、あちこちに朱を入れたくなるに違いない。一瞥しただけで、語句や表現の不釣り合いを感じ取るからである。そして、日々日本語の学習を続けている人であれば、自分自身の発話や文章にも似たような不具合があるのではないかと案じるだろう。知らず知らずのうちに犯しているであろう間違いや釣り合いの悪い表現に、意識を向けようとするだろう。

日本語を書いたり話したりするうえで、適切な語句を選んでいるか、文法的におかしい部分はないか、同じ言葉を必要以上に繰り返していないか、全体の統一がとれているか、慇懃無礼ではないか、などと考えてみるのである。そして、そこに不足していたものを補うために再び学習する。

ラジオを聴くこと、人の話を聞くこと、本を読むことなどを通してさまざまな言語情報を取り込むのは、勉強であると同時に楽しみでもある。インプットされたデータは、外に出すこと、アウトプットによって生きてくる。入っていないものは、どこを探しても絶対に出てこないが、かといって、入れたものが必ず有機的に結合して出てきてくれるという保証もない。話したり書いたりする機会を得ることで、インプットの不十分さを思い知ることはよくある。自分では十分なつもりでいても、表に出そうというときになって、肝腎なもの、本当に必要なものが蓄えられていなかったことに気づくのだ。しかし、失敗を恐れずに、発信のチャンスを積極的にとらえていきたい。この努力を繰り返していくことによって、知識や能力が身につくのである。

長い間使わないでいるうちに機能が退化することを、医学用語で「廃用性萎縮」と呼ぶそうだ。「廃用性筋萎縮」「廃用性骨萎縮」などの言葉を目にしたことがある。私たちが日本語を理解する力、日本語を使ってコミュニケートする力が「廃用性萎縮」の状態に陥るのは忍びない。そうならないためにも、頭を使い、目と耳と口を使い、表情筋を使って、日本語およびコミュニケーションの能力を高める努力を続けたいものである。

あとがき

生まれて初めて本を書くにあたって（この本のことだ）、私は文章術の本を急ぎ三冊購入してきた。三冊とは、「受験小論文の神様」と言われる樋口裕一著『ホンモノの文章力』（集英社新書、二〇〇〇年）ならびに『やさしい文章術』（中公新書ラクレ、二〇〇二年）、それに、『「超」勉強法』で知られる野口悠紀雄著『「超」文章法』（中公新書、二〇〇二年）である。

三冊はいずれも示唆に富むものであったが、読んでいてまさに「目から鱗が落ちる」思いをした部分を、それぞれ一箇所だけ書き出してみたい。

「『作文が得意だった』という人に限って、妙に表現に凝ったり、意味もなく難しい言葉を使ったりして、いつまでも小論文やレポートが書けるようにならない傾向がある」（『ホンモノの文章力』三三ページ）

「レポートというのは、あることがらの報告や説明ではなく、それについての分析であり、意見であり、主張なのだ。自分の意見や主張の『報告』なのだ」（『やさしい文章術』五ページ）

「私がとくに目の敵にしているのは、『さらなる』だ。『一層の』という意味で使われているのだが、これは誤用である。（中略）文章中にこの表現がでてくると、私はその文章の内容全体を信用しない。言葉に対して敏感でない人が書いている証拠だからである」（『「超」文章法』二二〇ページ）

「目から鱗が落ちた」わけを明かすと、私はどちらかというと表現に凝りたがるたちであり、これまでに書いたレポートや論文は、思い返せばそのほとんどが単なる報告や説明だった。そして私は、「さらなる」が誤用であることを知らなかった。

そこで、せめてこの三点には気をつけて書こうと思った。ところがまもなく、小細工を弄《ろう》さないで中身で勝負すること、独善的にならずに自己主張すること、たとえ広く流布している言い回しであっても無自覚な追随を避けることなどがいかに難しいかを痛感することになる。不可能、と言ってもよいくらいだ。

思いのほか苦しんで本書を書き終えたいま、右に引用した一節一節の重みを再度認識している。これらは文章を書くうえの注意事項というだけでなく、日本語を聞くとき、話すとき、読むときにも頭に入れておくべきことがらであったのだ。すなわち、内容より体裁を重視するという本末転倒、分析・意見・主張の不在、言葉に対する鈍感さへの警告である。私が最近の日本語を観察して疑問に思ったことや言いたかったことも、結局この三点に集約されるかもしれないと、いま思っている。

この本を書くことができたのは、数多くのインフォーマント（自分の母語に関する資料の提供者）の協力があってこそである。もっともその大部分は、当人の意思と無関係にインフォーマントにさせられている。ここに非礼を詫び、感謝の意を表したい。

本書が生まれるきっかけとなったのは、二〇〇二年七月に朝日新聞オピニオン面に掲載された拙稿「日本語『業界用語』連発する大学生」である。九〇〇字ほどの投稿に目を留めて、全く無名の私に「本を書いてみませんか」と、無謀とも思える提案をしてくれたのが、集英社新書編集部の池田千春さんだった。

九〇〇字を新書一冊分にまでふくらませるのは私にはたいへんな作業だったが、どうにかここまでこぎつけることができた。それもこれも、「プレッシャーをかけるのと相談にのるのが私の仕事です」とメールに書いてきてくれた、本づくりのプロフェッショナル、池田さんのおかげである。

二〇〇三年一〇月

野口恵子

野口恵子（のぐち けいこ）

一九五二年生まれ。日本語・フランス語教師。青山学院大学文学部フランス文学科卒業後、パリ第八大学に留学。放送大学「人間の探究」専攻卒、東京大学大学院総合文化研究科言語情報科学専攻博士課程単位取得退学。フランス語通訳ガイドをへて、九〇年より大学非常勤講師。文教大学、東京富士大学、東京農工大学で教鞭をとる。

かなり気《き》がかりな日本語《にほんご》

集英社新書〇二二七E

二〇〇四年一月二二日 第一刷発行

著者……野口恵子《のぐちけいこ》

発行者……谷山尚義

発行所……株式会社集英社

東京都千代田区一ツ橋二-五-一〇 郵便番号一〇一-八〇五〇

電話 〇三-三二三〇-六三九一（編集部）
〇三-三二三〇-六三九三（販売部）
〇三-三二三〇-六〇八〇（制作部）

装幀……原 研哉

印刷所……大日本印刷株式会社 凸版印刷株式会社

製本所……加藤製本株式会社

定価はカバーに表示してあります。

ISBN 4-08-720227-5 C0281

Printed in Japan

a pilot of wisdom